Pedagogia da Ginástica Rítmica

INSTITUTO PHORTE EDUCAÇÃO
PHORTE EDITORA

Diretor-Presidente
Fabio Mazzonetto

Diretora-Executiva
Vânia M. V. Mazzonetto

Editor-Executivo
Tulio Loyelo

Heloisa de Araujo Gonzalez Alonso

Pedagogia da Ginástica Rítmica

Teoria e Prática

Phorte editora
São Paulo, 2011

Pedagogia da ginástica rítmica: teoria e prática

Rua Treze de Maio, 596
Bela Vista – São Paulo – SP
CEP: 01327-000
Tel./fax: (11) 3141-1033
Site: www.phorte.com.br
E-mail: phorte@phorte.com

CIP-BRASIL. CATALOGAÇÃO-NA-FONTE
SINDICATO NACIONAL DOS EDITORES DE LIVROS, RJ

G652p

Gonzalez Alonso, Heloisa de Araujo
Pedagogia da ginástica rítmica: teoria e prática / Heloisa de Araujo Gonzalez Alonso. - São Paulo: Phorte, 2011.
216 p.: il.

Anexo
Inclui bibliografia
ISBN 978-85-7655-322-9

1. Ginástica rítmica - Estudo e ensino. I. Título.

11-4891. CDD: 796.44
CDU: 796.412

03.08.11 09.08.11 028578

Impresso no Brasil
Printed in Brazil

Aos meus queridos pais (*in memoriam*).

Agradecimentos

Agradeço ao meu esposo, Antonio Carlos, ao professor Dr. Ademir De Marco, aos meus familiares, aos amigos terrenos e do plano espiritual, aos mestres, colegas de trabalho, alunos(as) e à comunidade da Ginástica Rítmica, que contribuíram direta ou indiretamente na construção do meu Ser ao longo desses anos.

Prefácio

É com muito orgulho e satisfação que prefacio esta obra elaborada pela professora Heloisa Alonso. Tive a oportunidade de conhecê-la no momento em que ela se decidiu pelo curso de doutorado e participou do processo seletivo da FEF/UNICAMP. Como ex-atleta, técnica, professora no ensino fundamental e, atualmente, professora de Ginástica na UFRJ, percebi que a Heloisa é uma daquelas pessoas que "ama o que faz". Porém, eu, psicólogo e professor de disciplinas que tratam do desenvolvimento humano e motor, a priori, não me via com alguma afinidade acadêmica para uma possível orientação no seu tema de doutorado. Fazendo parte do Departamento de Educação Motora e da linha de pesquisa nessa área, li o projeto de pesquisa apresentado no processo de seleção, além de participar de sua entrevista. Foi, a partir dessas experiências, que pude começar a perceber que a Heloisa falava de uma Ginástica que era diferente, sim, a própria maneira como ela abordava as questões já deixava claro que ela estava completamente segura do que buscava num curso de doutorado.

Aprendi muito com ela, pois nos mostrou que a disciplina de Ginástica oferecida na escola pode ser prazerosa, construtiva e humanizadora; era disso que tratava seu projeto de pesquisa, ou seja, a Heloisa propôs o desenvolvimento de uma metodologia que respeitasse as faixas etárias escolares e os diferentes níveis de desenvolvimento das crianças. Nesse ponto pude começar a perceber que eu e ela tínhamos algo em comum, as crianças e a forma de encará-las, então, a partir dessas coincidências, começamos a nos entender, e ela, ao final do processo seletivo, tornou-se minha orientanda.

É gratificante e fácil de falar dessas pessoas que conhecem a fundo o que fazem, que vivenciaram a prática na infância, na adolescência e na juventude do conteúdo que desenvolvem na docência e na pesquisa hoje na universidade. A Heloisa aborda o tema da Ginástica com profundo conhecimento de sua prática e foi com extrema competência, habilidade e autonomia que estruturou e desenvolveu sua proposta pedagógica durante o curso de doutorado e que agora se transforma em livro.

Convivi com a Heloisa no período de 1997 a 2000 quando ela realizou seu curso de doutorado na FEF/UNICAMP, entre as suas idas e vindas ao Rio de Janeiro, sempre se mostrou motivada, feliz e perseverante, considero que ela tem o dom da docência e tenho certeza de que não erro nessa avaliação. Sua maneira sempre risonha, afável e carinhosa de falar sobre as crianças não deixa dúvidas do seu espírito de educadora.

Penso que todos da área da Educação Física seremos contemplados com uma belíssima obra que irá enriquecer e contribuir com o desenvolvimento da Ginástica no Brasil, ao lado de outros profissionais, professores e professoras, pesquisadores e pesquisadoras, a professora Heloisa Alonso registra esta significativa contribuição para a Ginástica no contexto escolar. Aliás, este é o aspecto que diferencia este livro de outros: a marcante preocupação da Heloisa com a disseminação da Ginástica por meio de sua aprendizagem facilitada e ampliada com os aspectos lúdicos que a sua proposta contém.

Ao ler a obra, o leitor entrará em contato com o Capítulo 1 – A Ginástica Rítmica: contexto histórico relacionado à abordagem pedagógica. Neste, a autora traça um rápido histórico sobre a trajetória da Ginástica Rítmica no Brasil. No Capítulo 2 – Os princípios do desenvolvimento motor no ensino da Ginástica Rítmica – é feita uma detalhada análise do desenvolvimento com base na proposta de Bronfenbrenner (1996), cujo autor descreve as relações interpessoais da pessoa com os diversos meios em que participa. São descritos também os estágios motores, fundamentados na análise de Gallahue e Ozmun (2005). Ao final desse capítulo a autora enfatiza a importância das experiências motoras para o desenvolvimento da percepção corporal. No Capítulo 3 – Princípios metodológicos e avaliativos para o ensino da ginástica rítmica – são destacadas algumas propostas metodológicas para as aulas de Educação Física no ensino fundamental e, na sequência, são detalhados alguns aspectos e princípios da proposta de Mosston e Ashworth (1986) e os aspectos pedagógicos que Kunz (1994) ressalta para as aulas de Educação Física. Ao longo do Capítulo 4 – Proposta pedagógica da Ginástica Rítmica – a autora fundamenta e descreve detalhadamente todos os momentos pedagógicos elaborados ao longo de sua pesquisa de doutorado. Portanto, este constitui a originalidade desta proposta. Os diferentes movimentos idealizados com a utilização dos aparelhos são apresentados numa sequência pedagógica que evolui de forma gradativa nos vários graus de dificuldade. É importante ressaltar a preocupação constante com os aspectos motores, cognitivos e afetivo-sociais, os quais são explicitados e avaliados constantemente no programa proposto (que se constitui no principal diferencial, pois considera todos os momentos da aula no plano das relações interpessoais). Finalmente, no Capítulo 5 são apresentadas as considerações finais, com a autora sintetizando seu pensamento e suas convicções sobre a importância dos aspectos pedagógicos para a prática da ginástica no âmbito escolar, com as quais eu concordo plenamente.

Prof. Dr. Ademir De Marco

Departamento de Educação Física e Humanidades

Faculdade de Educação Física – UNICAMP

Sumário

Introdução

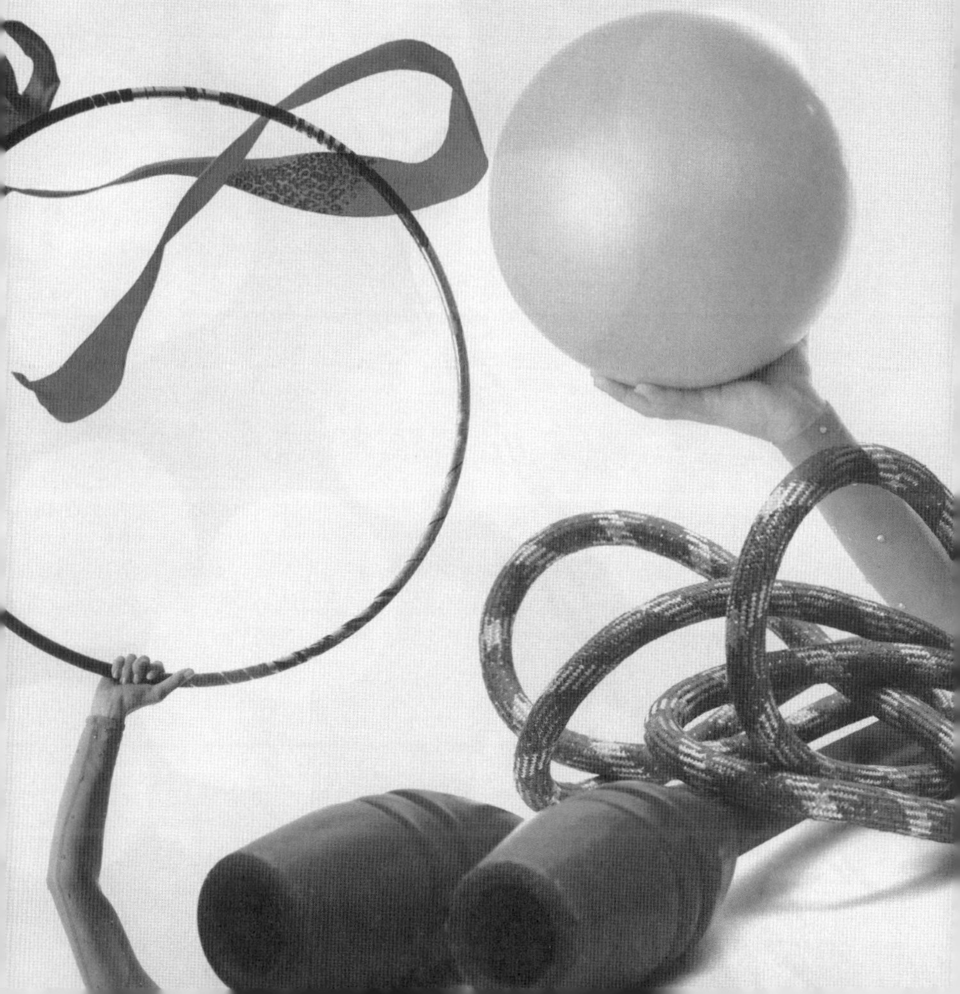

Quando tinha 13 anos de idade, a Ginástica Rítmica (GR) entrou em minha vida acidentalmente. Vivi uma ótima infância, brincava na rua e frequentava o Clube Regatas Vasco da Gama, próximo à minha casa, na zona norte do município do Rio de Janeiro, onde pude vivenciar e aprender algumas modalidades esportivas, entre elas natação, saltos ornamentais e basquetebol; pratiquei esse último antes de entrar para a Ginástica Rítmica Moderna, nomenclatura dada à GR em 1973.

Lembro-me perfeitamente do dia em que estava sentada no banco de reservas durante um jogo amistoso de basquetebol no Clube Regatas Vasco da Gama e insistia com meu técnico para participar da partida. Nada para fazer e, com a inquietude típica de minha idade, comecei perder o foco do jogo e passei a observar as atividades que aconteciam em volta da quadra. Pertinho dali, um cenário de bolas coloridas sendo lançadas ao alto, fitas que desenhavam o espaço, "bambolês" (como os arcos foram denominados por mim naquele momento) girando em torno das mãos e brincadeiras de pular corda.

Sem pedir licença ao técnico, saí do banco de reservas e fui para perto de toda aquela movimentação. O que mais chamava a atenção era a alegria com que as meninas brincavam enquanto esperavam a aula começar. Fiquei encantada. Em pouco tempo chegou a professora, e todas continuaram com a mesma alegria durante a aula. Então, não tive dúvidas: queria fazer parte daquele grupo. Voltei para perto da equipe de basquetebol, já próximo ao término do jogo, apenas para pegar minhas coisas e ouvir do técnico uma "senhora" bronca por ter me afastado sem dar satisfação. Em parte, ele tinha razão, pois não se deve sair sem pedir permissão; mas, para mim, não havia nada de errado em procurar um espaço onde pudesse ser feliz. Tinha apenas 13 anos...

Assim se iniciou minha história de vida com a GR. Fui imediatamente trocar de modalidade no departamento infantojuvenil do clube e contar aos meus pais a decisão da troca de esporte. Lembro até hoje a fisionomia e as palavras da minha mãe: "*Ah! Mais um esporte... Tudo fogo de palha!*" Por pouco ela não assina a permissão para a troca de modalidade.

O "fogo de palha" dura até hoje, exatamente 36 anos. Nos dez primeiros anos, meu envolvimento se deu na função e no papel de ginasta, culminando como integrante da Seleção Brasileira de Ginástica Rítmica em 1979. Nesses últimos 28 anos, fui técnica, árbitra nacional (durante 15 anos) e professora da disciplina Ginástica Rítmica em cursos de graduação em Educação Física, atualmente da Escola de Educação Física e Desportos da Universidade Federal do Rio de Janeiro. Escrevi este livro com o mesmo prazer e alegria que senti quando, pela primeira vez, deparei-me com essa modalidade.

O livro é fruto dessa história e da tese de doutorado desenvolvida a partir da necessidade de dar continuidade às investigações iniciadas em 1985, quando ministrava a disciplina Ginástica Rítmica no curso de graduação em Educação Física da Universidade Gama Filho (UGF) junto à professora e amiga Nadja Santos, o que resultou na dissertação de mestrado intitulada *Do cognitivo ao fazer pedagógico – uma proposta de avaliação do desempenho do futuro docente em ginástica rítmica desportiva* (Alonso, 1990).

Naquele momento, a pesquisa visava destacar uma ordenação de conteúdos, configurada numa hierarquia de comportamentos cognitivos que determinavam o perfil do desempenho do futuro docente em GR. Além dessa reordenação de conteúdos, procurei evidenciar a necessidade prioritária da escolha de procedimentos de avaliação coerentes com a nova proposta consensual do curso de graduação em Educação Física da UGF, que era a de "aprender a ensinar."[1]

A fim de avaliar o desempenho discente no domínio cognitivo da práxis da GR na graduação, optei, como procedi-

[1] Marco conceitual da proposta curricular da UGF em 1981, cuja meta era "ensinar para ensinar a Educação Física". Essa proposta fez que predominassem no contexto curricular aspectos pedagógicos mais que biológicos, gerando enfoque didático-pedagógico de determinação de um aluno ativo, capaz de questionar e levantar propostas para a tomada de decisões no processo ensino-aprendizagem da Educação Física (Alonso, 1990).

mento de avaliação, pela utilização de medida com referência a critério, a qual informa sobre o desempenho do aluno em determinado domínio de conteúdo ensinado.

Assim, foram utilizados testes que medem e avaliam o desempenho em situações semelhantes à da prática docente futura em GR, em que se determina como meta prioritária conhecer, compreender, aplicar e avaliar o fazer pedagógico na abrangência de conteúdos implicados no ensino da GR, ou seja, extrapolando o simples conhecimento de regras e técnicas do esporte.

Concomitante às avaliações sobre o perfil do futuro docente em GR, a pesquisa evidenciou uma dificuldade das futuras professoras em adotar os conhecimentos obtidos sobre metodologia do ensino da Educação Física e esportes, bem como os princípios do desenvolvimento e aprendizagem motora relacionados à ação pedagógica no ensino da GR. Esse fato revelou a importância de, no momento da apresentação das habilidades da GR no processo de ensino-aprendizagem da graduação, ser fomentada a discussão sobre como ensinar, a quem ensinar e para que ensinar tais habilidades.

O que se pôde detectar, a partir da sistematização da avaliação adotada na referida pesquisa, é que a avaliação passou a ser uma experiência de aprendizagem de "como ensinar a GR". Segundo Gardner (1995, p. 155), essa avaliação é considerada a "avaliação estilo aprendizado", isto é, a "avaliação ocorre no contexto dos alunos trabalhando em problemas, projetos ou produtos que os engajam genuinamente, mantêm seu interesse e os motivam a trabalhar bem".

Desse modo, este livro tem como objetivo apresentar uma proposta didático-pedagógica do ensino da GR, consubstanciada cientificamente nos princípios que regem as teorias do desenvolvimento motor, da aquisição da habilidade motora específica da GR e dos métodos de ensino da Educação Física e esportes, fruto de pesquisas realizadas durante meus cursos de mestrado e doutorado, originadas das práticas pedagógicas que desenvolvi no contexto escolar (ensino fundamental, médio e atividades extracurriculares) e universitário.

Pretendo, com esta proposta pedagógica, subsidiar um ensino da GR que não dependa somente do talento esportivo do educador nessa modalidade e apresentar essa modalidade esportiva como meio de melhorar o acervo motor do aluno por meio da vivência de diversas ações no processo de ensino-aprendizagem motora, cognitiva, afetiva, social.

Esse procedimento determinará uma proposta de diretriz pedagógica em GR, desmistificando seu caráter de prática esportiva elitista. Infelizmente, a ginástica rítmica e outras modalidades de ginástica não são adotadas, em larga escala, como conteúdo da Educação Física escolar; consequentemente, as crianças que têm interesse pela modalidade procuram aprender as habilidades da GR em escolas específicas.

Espero demonstrar o quanto é possível ensinar GR de forma que os(as) alunos(as) sejam capazes de elaborar suas coreografias, identificando seus erros e acertos nas ações motora/cognitiva/afetivo-social, bem como apontar os fins educativos que essa proposta pode oferecer, mesmo que a aprendizagem da GR não se efetive no contexto escolar.

Logo, este livro conta com quatro momentos. No primeiro, é abordada a evolução do ensino da GR no Brasil; no segundo, são descritos os princípios do desenvolvimento motor e da aprendizagem motora; no terceiro, abordam-se os percursos metodológicos do ensino da Educação Física e dos esportes; no quarto, por último, é apresentada a proposta pedagógica da GR e seu desdobramento nos contextos do processo de ensino-aprendizagem da GR na Escola Oga Mitá.[2]

[2] A Escola Oga Mitá é uma instituição de ensino particular situada na zona norte do Rio de Janeiro que atende crianças do ensino infantil ao nono ano do ensino fundamental. Essa unidade de ensino abarca uma proposta pedagógica que visa a dois aspectos: o *indivíduo* e o *grupo*. Quanto ao *indivíduo*, a escola propicia situações em que o aluno "seja agente de seu próprio conhecimento, vivendo em constante processo de equilíbrio e autonomia" (Escola Oga Mita, p. 2). Na perspectiva de *grupo*, propicia "situações que favorecem o indivíduo a se integrar ao grupo, conviver com regras coletivas, estabelecer regras próprias de convivências e desempenhar uma liderança emergencial num grupo autônomo" (p. 3). A metodologia adotada nessa unidade de ensino tem como princípio "tomar como ponto de partida a realidade do aluno (o que ele sabe, conhece e faz) e ter como ponto de chegada o acesso aos conhecimentos escolares", além de "criar situações que propiciem meios de sistematizar conhecimentos referentes ao seu universo cultural". A avaliação é "global e concomitante com o processo de aprendizagem" e utiliza como procedimentos de análise a "observação e o registro de cada comportamento do aluno", possibilitando ao professor e ao aluno acompanhar o desempenho, conforme os objetivos propostos, em que prevalece o processo e não apenas o resultado (p. 4). A norma da direção da escola era acompanhar as atividades extracurriculares no intuito de oferecer sua estrutura administrativa ao profissional, como limpeza do local, emissões de comunicado aos pais e apoio para programações externas à escola. Não havia diretamente um controle da direção nas propostas pedagógicas das atividades, mas todos os profissionais desenvolviam seus trabalhos a partir do princípio de que o aluno era o "agente do seu próprio conhecimento".

1 A Ginástica Rítmica: o contexto histórico relacionado à abordagem pedagógica

A Ginástica Rítmica (GR), que, até os últimos Jogos Pan-Americanos de Winnipeg/Canadá, em 1999, era conhecida como Ginástica Rítmica Desportiva (GRD), originou-se na Ginástica Moderna, no início do século XX, na Europa Central. Esta faz parte da reformulação dos sistemas de exercícios da ginástica, fundamentada na teoria do movimento natural do corpo do filósofo Jean Jacques Rousseau (1712-1778) e nas grandes contribuições do século XIX advindas da evolução do conhecimento sobre o movimento como arte de expressão natural do homem total com base nos estudos da pedagogia (Johan Heinrich Pestalozzi), da arte e expressão (François Delsarte, Geneviève Stebbins), do ritmo (Emile Jaques-Dalcroze, Rudolf Bode, Heinrich Medau) e da dança (Isadora Ducan, Rudolf Laban, Mary Wigman (Schmid, 1985).

Segundo Marinho (1956), a Ginástica Moderna não era um sistema ou método de ginástica feminina, mas o resultado de um movimento renovador, cujos primeiros sinais se manifestaram na época do Renascimento, quando se processaram reações, em todos os setores, contra a opressão e as limitações impostas ao espírito.

A Ginástica Moderna como modalidade esportiva feminina surgiu a partir de 1948, quando a União Republicana Socialista Soviética organizou, pela primeira vez, uma competição específica dessa modalidade. Segundo Crause (1985), nos Jogos Olímpicos de Londres, em 1948, a participação de uma nação na Ginástica Artística vinculava-se à obrigatoriedade de se apresentar em duas competições rítmicas por equipe. Até esse momento, não se falava em Ginástica Moderna, mas em Ginástica Rítmica, e tal procedimento estendeu-se até os Jogos Olímpicos de 1952, realizados em Helsinki.

Somente em 1962, durante o 41° Congresso da Federação Internacional de Ginástica (FIG), a Ginástica Moderna passou a ser reconhecida como modalidade esportiva independente. Nessa mesma época, foi aprovada a realização do 1° Campeonato Mundial, em 1963, na Hungria. No âmbito da FIG, a modalidade recebeu as denominações *Ginástica Moderna* (1963), *Ginástica Rítmica Moderna* (1972), *Ginástica Rítmica Desportiva* (1975) e *Ginástica Rítmica* (1999). Considerou-se a GR como desporto olímpico quando o Comitê Olímpico Internacional (COI) a inseriu nas programações dos Jogos Olímpicos de Los Angeles em 1984.

No Brasil, divulgou-se a Ginástica Moderna num Curso de Aperfeiçoamento Técnico-Pedagógico realizado no estado de São Paulo, em 1953 e 1954, pela professora austríaca Margareth Fröhlich, que contou com o auxílio da professora Érica Saur, da Escola Nacional de Educação Física e Desportos da Universidade do Brasil, atual Escola de Educação Física e Desportos/UFRJ, a qual se tornou uma estudiosa do assunto e fomentou a Ginástica Moderna no âmbito dos cursos de graduação de professores de Educação Física.

A professora Ilona Peuker, húngara de nascimento, mas radicada no Brasil, também foi outra importante colaboradora, que desenvolveu um trabalho no qual apresentava, em suas programações por todo o território brasileiro, a utilização dos aparelhos oficiais (corda, bola, arco, fita e maças) e outros instrumentos de nosso folclore, como o coco, o pandeiro, o agogô e o reco-reco (Crause, 1985, p. 5).

A divulgação do trabalho de Ilona Peuker despertou grande interesse pela prática da Ginástica Moderna em âmbito nacional como modalidade esportiva e educacional, conforme aponta Crause (1985, p. 5):

> começou a surgir no antigo estado da Guanabara o grande interesse pela Ginástica Moderna, sendo desenvolvido um trabalho na área estudantil com a sua efetiva inclusão nos currículos de

> 1º e 2º graus, quando um grande número de professoras especializadas e ex-praticantes da atividade conseguiu desenvolver um trabalho que parece ter tido nesse momento seu apogeu, percebendo-se com distinção a evolução de dois aspectos importantes: o educativo e o competitivo.

Crause (1985) também relata o fato de que essa ação educativa motivou a formação de grupos de elite oriundos do trabalho realizado no contexto escolar, os quais participavam dos Jogos Estudantis Brasileiros (JEBs) realizados pelo Departamento de Educação Física e Desportos (DED) do Ministério da Educação e Cultura (MEC).

Pode ser constatado que, ao longo desses anos, desde seu surgimento no Brasil até os dias de hoje, o ensino da Ginástica Rítmica sofreu grande influência das ações pedagógicas de ex-praticantes e profissionais especializadas. Esse ensino visava à participação das equipes nos JEBs, em que permeava uma aprendizagem das habilidades específicas da modalidade a partir das "séries obrigatórias", isto é, as habilidades motoras eram memorizadas com base no gesto motor da professora, que aprendera tais gestos, também padronizados, no curso técnico-pedagógico promovido pelo órgão oficial que organizava as competições escolares.

Segundo Crause (1985, p. 8), a utilização de "séries obrigatórias" como programa de competição dos Jogos Estudantis Brasileiros "parece ter facilitado o crescimento e o desenvolvimento das técnicas, favorecendo a uniformidade de compreensão das características específicas dos componentes de trabalho". No entanto, a autora também sinaliza a possibilidade de esse procedimento ter causado a insuficiência de conhecimentos sobre o processo ensino-aprendizagem da GR (objetivos/conteúdos/metodologias/avaliação), cujo trabalho era, anteriormente, facilitado por meio da disputa de séries obrigatórias.

A nosso ver, o ensino da GR não se restringe somente à reprodução e à produção da técnica, mas abrange uma ação pedagógica visando a uma iniciação esportiva para todos, independentemente do talento, em escolas, clubes, condomínios, praças e praias. Ou seja, o movimento humano na GR pode ser considerado "como uma das formas de entendimento e compreensão do homem em relação ao seu contexto de relações no mundo", em que esse movimento "ultrapassa sua origem técnica, permeando emoções, sentimentos, percepções e relações com as imagens do homem e mundo" (Kunz, 1991, p. 163).

Paes (1996, p. 6) mostra que o esporte pode ir além da função de esporte de rendimento:

> é preciso "pensar no esporte" com múltiplas possibilidades, atendendo tanto

> a pessoas que o praticam tanto como ocupação de tempo livre quanto por questões de saúde; enfim, é preciso trabalharmos com uma iniciação esportiva que permita aos cidadãos uma prática consciente, reflexiva e crítica. (p. 6)

No estado do Rio de Janeiro, onde integramos o corpo docente que contribuiu para o desenvolvimento da GR, pode-se constatar sistematicamente que o ensino da Ginástica Rítmica, quando no contexto de escolas, condomínios e associações, tem como finalidade principal preparar para apresentações dessa modalidade em aberturas das olimpíadas internas e outros eventos culturais esportivos desenvolvidos pelas instituições. Esse ensino ocorre, na maior parte dos casos, por meio de gestos prontos, apresentados pelo professor de forma fragmentada, buscando somente a *performance* nas coreografias dos exercícios de conjunto durante as apresentações em tais festividades. Ou seja, é intensa a presença do ensino do esporte por meio da "cópia", reproduzindo as metodologias abordadas nos primeiros cursos de aperfeiçoamento técnico-pedagógico realizados no estado de São Paulo em 1953 (Alonso; Crause, 2005).

Assim, o procedimento de ensino é o mesmo encontrado no âmbito de clubes e associações, retratando a GR como modalidade esportiva de rendimento e ensinada unicamente às meninas, "organizada por pacotes de conhecimentos" que "procura injetá-los na praticante" (Freire, 1996, p. 44).

Não se quer tirar o valor das apresentações da GR nas festividades dessas instituições, mas não se pode tê-las como finalidade principal para a aprendizagem. A preocupação única de memorizar as habilidades, em determinada sequência dada pelo professor, resulta numa ação pedagógica "pobre" de reprodução do conhecimento, perpetuando somente o modelo para ensinar GR em todas as fases da aprendizagem e contrariando os princípios da aquisição das habilidades motoras.

Para o desempenho docente, no contexto de uma ação pedagógica eficaz em GR, configura-se a necessidade de conhecer e compreender os sentidos e os significados dos conteúdos da GR para viabilizar a tomada de decisões em sua intencionalidade pedagógica em escolas, clubes, condomínios, associações etc. (Alonso, 1990).

Considera-se aqui intencionalidade pedagógica em GR o ato de ensinar em que se planeje e execute o processo ensino-aprendizagem com base nas questões socioculturais do ambiente em que ocorre a aprendizagem, por meio de um constante diálogo entre educador e educando, visando contribuir para o desenvolvimento global (cognitivo, motor, afetivo-social, cultural) desse educando de forma prazerosa e consciente.

É importante ressaltar que o ato pedagógico existe independentemente de se estar no espaço de uma escola; é necessário mais que um espaço físico para o processo de ensino-aprendizagem acontecer. O que faz a diferença não é *onde* e *o que* se ensina, mas *como se ensina*, ou seja, as finalidades do processo de ensino-aprendizagem. Pode-se ter um ato pedagógico alienado, acrítico, ou um ato pedagógico como o referido anteriormente, que possibilita o ensino do esporte de forma reflexiva, crítica, democrática e consciente da movimentação corporal para que o indivíduo possa ter autonomia em sua escolha por uma prática esportiva como forma de saúde, profissionalização ou lazer.

A partir das considerações até aqui formuladas, esta é nossa principal questão: Como ensinar as habilidades motoras da GR não se restringindo ao preparo para competições e apresentações, por meio de métodos que possibilitem maior abrangência no desenvolvimento cognitivo/motor/afetivo/social/cultural, e de modo a não depender unicamente do talento esportivo do educador que ensinará essa modalidade?

Para responder a esse questionamento, os próximos capítulos trarão reflexões sobre o desenvolvimento humano/comportamento motor e como ocorre a aquisição de uma habilidade motora específica; as metodologias de ensino da Educação Física e dos esportes; e nossa proposta pedagógica da GR.

2 Os princípios do desenvolvimento motor no ensino da Ginástica Rítmica

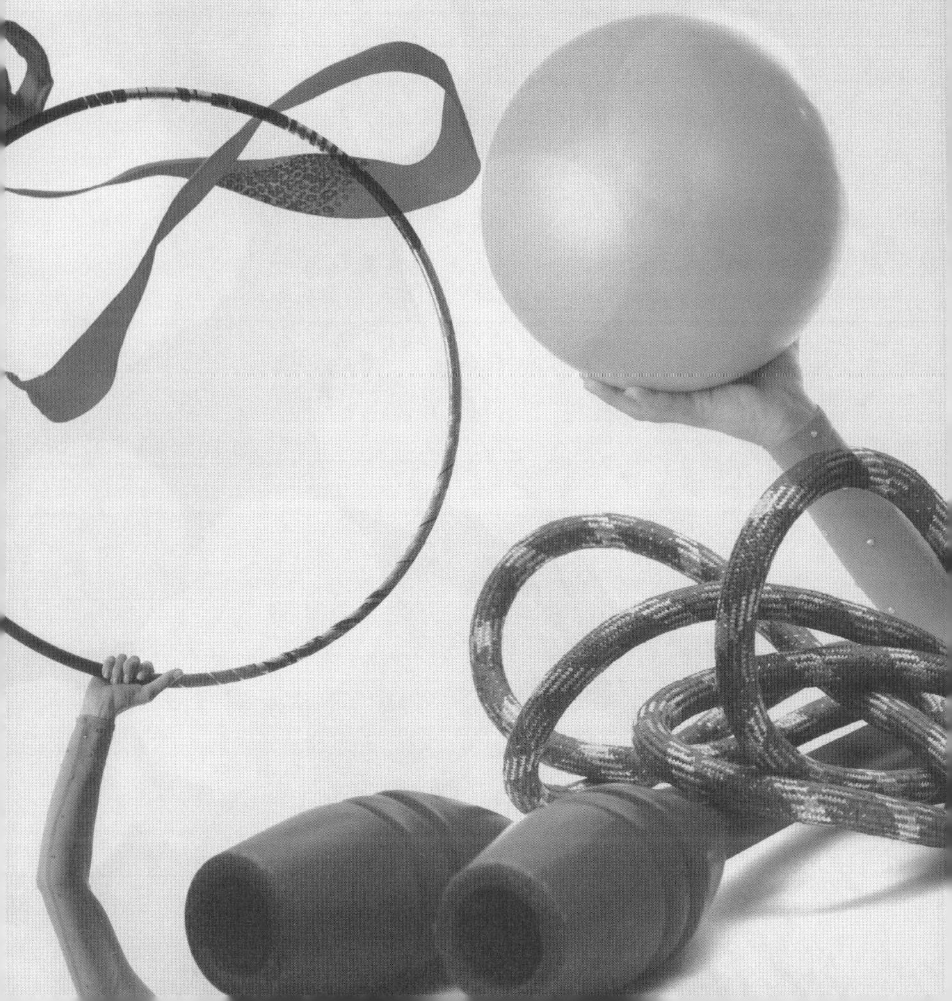

2.1 Desenvolvimento: implicações na prática da Ginástica Rítmica

É sempre interessante observar que a evolução do homem se iniciou a partir do encontro de seu "mundo" interior com o exterior pela necessidade de sobrevivência e entendimento da sua espécie.

O desenvolvimento humano é influenciado por muitos fatores. Temos elementos que integram várias subculturas a que todas as crianças pertencem, como a situação socioeconômica de sua família, seus antecedentes étnicos, sua etnia, seu gênero etc. Negar esses fatos a respeito de uma criança forma grandes lacunas em nosso entendimento a seu respeito e limita nossos meios de auxiliá-la.

Consideramos como desenvolvimento humano todas as mudanças que ocorrem no indivíduo ao longo dos anos. Não podemos dividir o ser humano em pessoa física (motora), intelectual e emocional. A combinação do seu ser motor, intelectivo e emocional, em interação com o ambiente, tem grandes efeitos sobre seu desenvolvimento, e o olhar de Urie Bronfenbrenner[1] nos presenteia com a abordagem de desenvolvimento humano a partir da perspectiva ecológica, que o define como "a concepção desenvolvente da pessoa no meio ambiente ecológico e sua relação com ele, além da crescente capacidade de a pessoa descobrir, sustentar ou alterar suas propriedades" (1996, p. 10).

Diante dessa definição, podemos constatar que essa concepção de desenvolvimento não enfatiza os processos psicológicos tradicionais de percepção, motivação, pensamento e aprendizagem, mas o conteúdo – "o que é percebido, desejado, temido, pensado ou adquirido como conhecimento e como a natureza desse material psicológico muda em função da exposição e interação de uma pessoa com o meio ambiente" (Bronfenbrenner, 1996, p. 9).

Em um primeiro momento, Bronfenbrenner constituiu a teoria dos sistemas ecológicos. O ambiente ecológico considerado pelo autor pode ser visualizado "como um conjunto de bonecas russas *babuskas*", em cujo primeiro âmbito, o mais interno, está a pessoa inserida no ambiente imediato: a casa, a aula de Educação Física, a aula de GR. No segundo âmbito,

---

[1] Urie Bronfenbrenner propõe um modelo teórico de desenvolvimento humano com base na teoria ecológica, que compreende o desenvolvimento como função da interpretação do indivíduo sobre ambientes específicos em transação com o meio sociocultural e histórico (Gallahue e Ozmun, 2005).

situa-se a pessoa relacionada à escola e à família; e, no terceiro, encontram-se ambientes onde nem mesmo a pessoa estaria presente (1996, p. 5).

Na Figura 2.1, apresentada por Brandão (1996) em sua dissertação de mestrado,[2] observa-se que esses ambientes são também sistemas, denominados por Bronfenbrenner *microssistema*, *mesossistema*, *exossistema* e *macrossistema*.

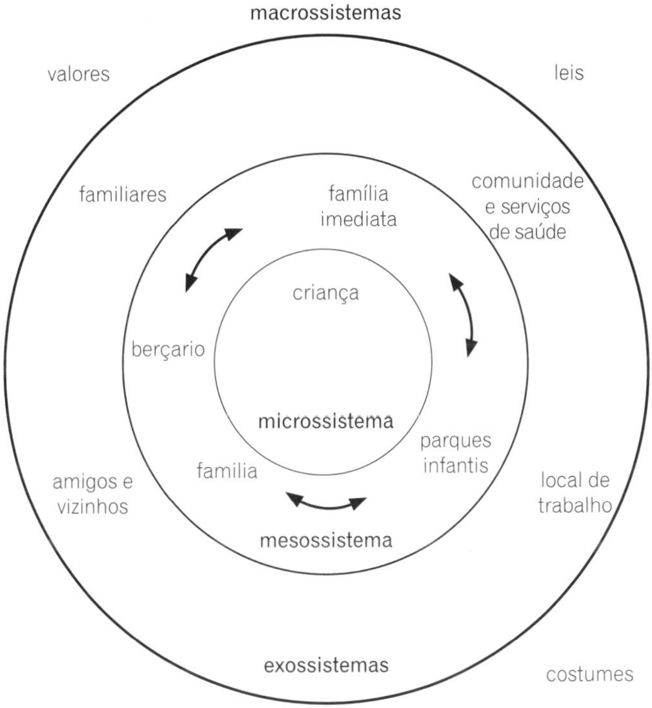

Figura 2.1 – Modelo da Teoria Ecológica do Desenvolvimento Humano (adaptado de Berk, 1994).
Fonte: Brandão (1996).

[2] Brandão fez uma adaptação para o português da figura que aparece no livro de Berk, Child development (Massachussets: Allyn and Bacon, 1994).

O microssistema é definido "como um padrão de atividades, papéis e relações interpessoais vivenciados pela pessoa em desenvolvimento num dado ambiente com características físicas e materiais específicas" (Bronfenbrenner, 1996, p. 18).

No segundo nível do modelo sistêmico de Bronfenbrenner (1996) encontra-se o mesossistema, que apresenta vínculos entre os ambientes. É formado sempre que o indivíduo em desenvolvimento entra em um novo ambiente, provocando inter-relações entre dois ou mais ambientes, como as relações em casa, na escola e com os amigos da vizinhança para uma criança; as relações na família, no trabalho e na vida social para um adulto (p. 21). Pode-se dizer que um mesossistema é composto por microssistemas.

O exossistema

> se refere a um ou mais ambientes que não envolvem a pessoa em desenvolvimento como um participante ativo, mas no qual ocorrem eventos que afetam, ou são afetados, por aquilo que acontece no ambiente contendo a pessoa em desenvolvimento. (Bronfenbrenner, 1996, p. 21)

O autor aponta como exemplo de exossistemas, no caso de uma criança, a rede de amigos dos pais ou do irmão mais velho, as atividades dos conselhos regionais de educação e as federações esportivas.

Como último nível do modelo sistêmico, temos o macrossistema, definido por Bronfenbrenner (1996) como aquele que

> se refere a consistências, na forma de conteúdo de sistemas de ordem inferior (micro, meso e exo) que existem, ou poderiam existir, no nível da subcultura ou da cultura como um todo, juntamente como qualquer sistema de crença ou ideologia subjacente a essa consistência. (p. 21)

No macrossistema, permeia a organização ideológica de cada ambiente ecológico. Em casas, bairros e ambientes de trabalhos, as relações entre eles não são as mesmas se compararmos as famílias mais favorecidas economicamente às famílias pobres.

O desenvolvimento humano, até aqui apresentado segundo a perspectiva ecológica de Bronfenbrenner, remete-nos a considerar tais ambientes como peça fundamental para que se possa entender o desenvolvimento como mudança nas características do indivíduo, que provocam uma reorganização com certa sequência ao longo do tempo e do espaço. Tal mudança desenvolvimental ocorre nos aspectos da percepção e da ação, determinando um "*desenvolvimento-no-contexto*" (p. 12).

Contudo, o autor não para por aí. Avançando suas reflexões sobre os processos de desenvolvimento, as interferências dos ambientes sobre eles e como entender e compreender os efeitos dessa interação, propôs dois modelos: (a) pessoa-processo-contexto e (b) cronossistema. Depois, uniu os dois modelos e constituiu o Modelo Bioecológico, que integra os aspectos biológicos e sociais (*pessoa*), as alterações que ocorreram ao longo da vida (*processo*), os aspectos físicos, políticos, econômicos, culturais etc. dos ambientes (*contexto*) e as ocorrências de ordem biológica e sociocultural que influenciaram na vida da pessoa (*tempo*) (Copetti, 2001). Tal modelo foi denominado *Teoria Bioecológica do Desenvolvimento Humano*, e o conceito de desenvolvimento humano passou a ser entendido como:

> fenômeno de continuidade e mudança nas características biopsicológicas do ser humano, tanto como indivíduo quanto como grupo. O fenômeno estende-se sobre o curso de vida ao longo de sucessivas gerações e através do tempo histórico, tanto no passado quanto no presente. (Bronfenbrenner, 2005, p. 3)

Nesse modelo, o autor manteve a mesma configuração dos parâmetros do *contexto* (micro, meso, exo e macrossistema); quanto aos *atributos pessoais*, foram identificados três tipos (as disposições, os recursos e as demandas); na relação com o *tempo*, existe o "tempo vital", que diz respeito à história de vida de cada pessoa, e o "tempo histórico", que se caracteriza por ocorrências comuns a todos os participantes de uma mesma geração. Acrescentou-se outra classificação: *microtempo, mesotempo e macrotempo*. O processo é entendido a partir da configuração das interações que ocorrem entre o contexto, os atributos pessoais e as dimensões do tempo (Bronfenbrenner, 2005).

Nosso olhar se deterá no microssistema, que será o espaço de uma aula de GR em que, por meio das atividades propostas, contribuímos para o desenvolvimento dos alunos. Esse momento será abordado no Capítulo 3, quando apresentamos as apreciações sobre o processo de ensino-aprendizagem da GR.

Conforme mencionado anteriormente, o microssistema é constituído de um padrão de *atividades, relações interpessoais* e *papéis* experimentados pelo indivíduo em desenvolvimento num dado ambiente com características físicas e materiais específicos.

As *atividades* realizadas por uma pessoa, ou realizadas por outros indivíduos juntamente com ela, também são de fundamental importância para seu desenvolvimento. Podem ser *molares*, quando se percebe que um "comportamento continuado que possui um momento (quantidade de movimento, impulso) tem significado ou intenção pelos participantes do ambiente" (Bronfenbrenner, 1996, p. 37), *moleculares*, quando passa a ser caracterizada por um comportamento sem significado e momentâneo.

Não podemos nos esquecer de que aquilo que possui significado para uma pessoa pode não ter para outra. O autor considera as atividades molares, conforme são apresentadas pela pessoa em desenvolvimento, como indicadores do "grau e natureza do crescimento psicológico", bem como "desenvolvimentalmente instigadoras".

As *relações interpessoais*, como contexto do desenvolvimento humano, surgem a partir das relações entre os indivíduos em atividades em determinado ambiente, realizadas em grupo ou não.

No nível mais interno do esquema ecológico, existe uma das unidades básicas de análise, que é a *díade*, ou sistema de duas pessoas, bem como os chamados sistemas N+2 – tríades, tétrades e estruturas interpessoais mais amplas.

O que acabamos de relatar nos remete às configurações de díades durante o trabalho do grupo. Segundo Bronfenbrenner (1996), uma díade é formada sempre que duas pessoas prestam atenção às atividades uma da outra —"díade observacional"—, ou delas participam conjuntamente — "díade de atividade conjunta" (p. 47). A díade conjunta apresenta certas propriedades, como a *reciprocidade*, o *equilíbrio de poder* e a *relação afetiva*.

A *reciprocidade* é identificada pela forma como os alunos interagem entre si. Esse procedimento causa motivação nos participantes das atividades, que não só se envolvem na realização da tarefa, mas, ainda, se engajam em padrões de interação social progressivamente mais complexos.

Já o aspecto de *equilíbrio de poder*, para Bronfenbrenner (1996, p. 47), é significativo para o desenvolvimento social da criança quando esta recebe uma crescente oportunidade de exercer o controle da situação. Esse tipo de atividade conjunta "estimula a criança a conceitualizar e manejar as relações de poder", oferecendo, ao mesmo tempo, oportunidades de efetuar uma "transferência gradual de poder, de maneira espontânea, como uma função do caráter ativo da criança em desenvolvimento em relação ao meio ambiente".

O terceiro aspecto das relações interpessoais é marcado pela *relação afetiva*, que se estabelece à medida que os sentimentos positivos e negativos são exteriorizados pelos alunos durante as relações diádicas.

O comportamento afetivo-social do indivíduo está intensamente ligado à condição de conhecer os outros e a si mesmo com base nos sistemas de símbolos da cultura dos componentes do grupo social. O aspecto interpessoal baseia-se na capacidade nuclear de perceber distinções entre os outros, especialmente contrastes em seus estados de ânimo, temperamentos, motivações e intenções, buscando a compreensão do outro para trabalhar com eles. O aspecto intrapessoal se refere ao estado interno de uma pessoa, ou seja, "o acesso ao sentimento da própria vida, à gama das próprias emoções, à capacidade de discriminar essas emoções e, eventualmente, rotulá-las e utilizá-las como uma maneira de entender e orientar o próprio comportamento" (Gardner, 1995, p. 28).

Nessa visão de relações, ocorrem as chamadas "transições ecológicas", nas quais estão presentes mudanças de papel ou de ambiente que acontecem durante toda a vida. Em decorrência das transições ecológicas, podemos constatar mudanças de papel, isto é, "das expectativas de comportamentos associados a determinadas posições na sociedade. Os papéis têm um poder mágico de alterar a maneira pela qual a pessoa é tratada, como ela age, o que ela faz e inclusive o que ela pensa e sente" (Bronfenbrenner, 1996, p. 7).

A criança é um ser simbolizante capaz de utilizar o "faz-de-conta" para experimentar papéis de mãe e filho, professor e aluno, médico e paciente, possibilitando-lhe conhecer não apenas que conduta está associada a esses indivíduos, mas também algo sobre como seria ocupar seus nichos constitutivos. Ela correlaciona o comportamento e os estados de outras pessoas com suas próprias experiências pessoais, identificando o que é positivo e negativo, frustrante e gratificante, poderoso ou impotente; ou seja, a criança se engaja em conflitos na tentativa de determinar sua própria presença.

Gardner (1994, p. 192) diz que a criança é uma "criatura inerentemente social", pois procura nos outros seus esquemas de interpretação e baseia-se nesses esquemas como os meios preferidos para descobrir e adquirir um entendimento inicial das pessoas na própria pele.

Observar nossos alunos durante prática da GR sob o olhar dessa abordagem nos coloca diante de uma perspectiva holística do processo de ensino-aprendizagem, em que o movimento executado pelos seus praticantes é visto com sentido e significado na constituição do seu ser social, emocional, intelectivo e motor.

2.2 Desenvolvimento motor: considerações para o processo de ensino e aprendizagem da Ginástica Rítmica

A prática corporal consiste na maior preocupação dos professores durante o processo de ensino-aprendizagem da GR; logo, o desenvolvimento motor terá destaque em nossas reflexões para que possamos entender a aprendizagem de suas habilidades motoras específicas. Não podemos nos esquecer de que o olhar para a criança deverá ser de forma integral, e o movimentar-se estabelecerá uma relação direta com o desenvolvimento e a aprendizagem dos demais domínios de comportamento — cognitivo, social, afetivo.

O desenvolvimento motor, na perspectiva desenvolvimentista dos sistemas dinâmicos apresentada por Gallahue e Ozmun (2005, p. 4), é definido como a contínua alteração no comportamento motor ao longo da vida, proporcionada pela interação entre as *necessidades da tarefa* (fatores físicos e mecânicos), a *biologia do indivíduo* (fatores intrínsecos — hereditariedade e natureza) e as *condições do ambiente* (fatores extrínsecos — experiência, aprendizado, encorajamento).

Essas alterações do comportamento motor, embora estejam relacionadas a faixa etária, fases e estágios, não são estritamente dependentes entre si. A criança que se encontra com 6 anos de idade não garante por si só a realização de movimentos da fase das habilidades motoras fundamentais no estágio maduro. Ou seja, cada indivíduo terá seu próprio tempo para o desenvolvimento e aquisição da habilidade motora. Para Gallahue e Ozmun (1995, p. 6),

> Faixas etárias típicas de desenvolvimento são apenas isso: típicas e nada mais. As faixas etárias meramente representam escalas de tempo aproximadas, nas quais certos comportamentos podem ser observados. O excesso de confiança nesses períodos de tempo negaria os conceitos de con-

tinuidade, especificidade e individualidade do processo desenvolvimentista.

Tal processo é estruturado pelos autores da seguinte forma: *fase motora reflexiva; fase motora rudimentar; fase motora fundamental; e fase motora especializada*. Cada fase se subdivide em estágios, conforme se observa no Quadro 2.1. Daremos destaque para as fases motoras fundamentais e motoras especializadas.

Quadro 2.1 – Fases e estágios do desenvolvimento motor

Fases e estágios do desenvolvimento motor	
Fases	**Estágios**
Movimento especializado	Utilização
	Aplicação
	Transição
Movimento fundamental	Maduro
	Elementar
	Inicial
Movimento rudimentar	Pré-controle
	Inibição do reflexo
Movimento reflexo	Decodificação da informação
	Codificação da informação

Fonte: Gallahue e Ozmun (2005).

A *fase motora reflexiva* caracteriza-se por movimentos reflexivos que formam a base para as fases seguintes. Esses reflexos são atividades motoras involuntárias provocadas pela reação do feto às condições do ambiente, que proporcionam conhecimento sobre seu ambiente interno e externo. Essa fase é subdividida nos seguintes estágios:

- *Estágio de codificação de informações* (dentro do útero, até 4 meses de idade): os centros cerebrais inferiores, que controlam os reflexos, apresentam-se mais desenvolvidos que o córtex; as informações obtidas por meio dos reflexos são reunidas; além disso, o desenvolvente apresenta reflexos que permitem a busca de alimento e proteção.
- *Estágio de decodificação de informações* (de 4 meses até 1 ano): o recém-nascido já apresenta uma inibição dos reflexos, que são paulatinamente substituídos por atividades motoras voluntárias em virtude de um maior desenvolvimento do córtex em detrimento do desenvolvimento dos centros cerebrais inferiores. Conforme Gallahue e Ozmun (2005, p. 58), "o estágio de decodificação substitui a atividade sensório-motora por habilidade perceptiva-motora", o que significa que o bebê agora não só reage a estímulos, mas os processa com informações anteriormente obtidas.

A fase *motora rudimentar* engloba os primeiros movimentos voluntários, denominados rudimentares, que são determinados pela maturação e por um surgimento sequencial previsível desde o nascimento até 2 anos de idade. Esses movimentos podem variar entre as crianças de acordo com fatores biológicos, ambientais e da tarefa. Assim como a fase motora reflexiva, a fase de movimentos rudimentares se divide em dois estágios:

- *Estágio de inibição de reflexos* (do nascimento até 1 ano de idade): o desenvolvimento do córtex passa a comandar movimentos voluntários; os reflexos apresentados pelo bebê desde o nascimento são paulatinamente substituídos por ações motoras voluntárias que, embora tenham um objetivo, ainda não se manifestam de forma precisa. Portanto, o bebê não é capaz ainda de fazer movimentos precisos ou específicos de um grupamento muscular isolado, o que faz que movimente outras articulações além da que realmente desejava utilizar; esses movimentos ainda não são controlados.
- *Estágio de pré-controle* (de 1 a 2 anos de idade): a maturação dos processos cognitivos superiores e dos processos motores permite que a criança já comece a apresentar controle dos movimentos que são executados; a integração entre as informações sensoriais e motoras possibilita que a criança já seja capaz de realizar movimentos, por exemplo, se equilibrar.

Na *fase motora fundamental*, após adquirir as habilidades motoras rudimentares que representam as formas básicas de movimento voluntário necessárias para sobrevivência, como movimentos estabilizadores (controle da cabeça, do pescoço e dos músculos do tronco), manipulativos (alcançar, agarrar e soltar) e locomotores (arrastar-se, engatinhar e caminhar), a criança passa a experimentar suas capacidades motoras, explorando o que é capaz de realizar com as habilidades que já possui, e consegue realizar movimentos contínuos, não mais descontrolados como na fase anterior. Nesse momento, embora o fator maturacional seja importante, deve-se ter ciência de que o fator ambiental é extremamente relevante para que a criança seja capaz de desenvolver suas habilidades motoras fundamentais de modo eficiente. Isto é, não há uma relação exata entre maturação biológica e aquisição das habilidades fundamentais, já que o estímulo que a criança recebe do ambiente pode exercer grande influência para que essa aquisição seja mais tardia ou não. Essa fase apresenta três estágios:

- *Estágio inicial* (de 2 a 3 anos de idade): a criança já é capaz de coordenar seus movimentos, mesmo que de forma deficiente, que passam a apresentar curso rítmico e uso do corpo de forma limitada.
- *Estágio elementar* (de 4 a 5 anos de idade): há um aprimoramento do controle e da coordenação rítmi-

ca dos movimentos; a criança sincroniza as informações temporais com as espaciais, embora ainda realize movimentos muito restritos ou bastante exagerados, agora, porém, mais coordenados; para algumas crianças, e mesmo para certos adultos, este é o estágio final de certos padrões de movimento.

- *Estágio maduro* (de 6 a 7 anos de idade): a criança realiza movimentos eficientemente controlados e, agora, coordenados; em virtude de algumas limitações impostas pela complexidade de algumas tarefas e, também, de funções visuais, a criança ainda não é capaz de apreender algumas habilidades manipulativas que estejam integradas como a interceptação de objetos em movimento; devem ser proporcionadas condições de práticas corporais para que possa atingir o estágio maduro de certas habilidades fundamentais que serão essenciais para o desenvolvimento na fase posterior.

Por último, existe a *fase motora especializada*. Os movimentos agora são empregados em ações motoras complexas, manifestadas em práticas recreativas e atividades esportivas. As habilidades estabilizadoras, locomotoras e manipulativas antes adquiridas agora são apuradas e integradas para a aplicação em situações que assim as exijam. Do mesmo modo que as demais fases, aqui também devem ser levados em consideração os fatores individuais, ambientais e da tarefa. Essa fase apresenta três estágios:

- *Estágio transitório* (de 7 a 10 anos de idade): há combinações de habilidades motoras fundamentais com habilidades especializadas nos esportes e nas atividades recreacionais. Conforme Gallahue e Ozmun (2001, p. 106), "as habilidades motoras transitórias contêm os mesmos elementos que os movimentos fundamentais, mas com forma, precisão e controle maiores" ; o professor deve se preocupar em aumentar o controle motor e a competência motora, cuidando também para que a criança não execute apenas os mesmos movimentos, podendo limitar suas possibilidades motoras nos próximos estágios dessa fase.
- *Estágio de aplicação* (de 11 a 13 anos de idade): as habilidades cognitivas e as experiências até então adquiridas permitem que a criança possa decidir em se especializar ou não em certas atividades, conforme as habilidades motoras acumuladas até o momento; há o refinamento das habilidades mais complexas para aplicação em jogos avançados, atividades de liderança e esportes específicos.
- *Estágio de utilização permanente* (dos 14 anos em diante): todas as habilidades aprendidas nos está-

gios anteriores são integradas e aplicadas de modo a garantir a execução de padrões de movimento precisos e complexos; os movimentos ocorrem em atividades cotidianas e esportivas especializadas, além de atividades recreacionais ao longo da vida; o professor deve preocupar-se em não limitar a aquisição das habilidades de seu aluno a poucas habilidades específicas, mas fornecer meios para que a criança possa dispor de uma gama de habilidades motoras. Com relação às habilidades esportivas, o indivíduo só conseguirá dominá-las se possuir longa vivência nos movimentos fundamentais (habilidades básicas). É importante esclarecer que o último estágio não é o fim do processo de desenvolvimento motor, mas uma consequência.

Mais detalhes desse referencial teórico são encontrados em Gallahue e Donnelly (2008).

O Quadro 2.2 descreve as habilidades motoras de locomoção, equilíbrio e manipulativas manifestadas na prática da GR.

Quadro 2.2 – Habilidades motoras de locomoção, equilíbrio e manipulativas manifestadas na praticada GR

Habilidades motoras de locomoção	**Habilidades motoras de equilíbrio**	**Habilidades motoras manipulativas com arco, corda, bola, maças e fita**
Correr	Rolamento do corpo	Lançar
Andar	Alongar	Pegar
Saltar	Balançar	Receber
Saltitar	Apoios invertidos	Rolar a bola e o arco
	Equilibrar sobre pés, joelhos e quadril	Quicar a bola
		Rotação do arco
	Girar o corpo sobre seu próprio eixo	Equilibrar o arco e a bola sobre os pés e as mãos
		Girar a corda
		Balancear os aparelhos

Não podemos, neste ponto, deixar de destacar o trabalho realizado pela Professora Ingeborg Crause, que, em sua dissertação de mestrado (1985), relacionou "aptidões perceptivas, aptidões físicas, destrezas motoras; comunicação não verbal; educação da postura e do movimento; elementos pré-acrobáticos; e técnica de manejo dos aparelhos" como os principais componentes na "Preparação Técnica de Base da GRD",[3] apontando

[3] A dissertação de mestrado de Ingeborg Crause foi o primeiro trabalho científico a indicar um plano básico para a iniciação da GR no Brasil consubstanciado no referencial teórico de uma taxionomia do desenvolvimento motor desenvolvido por Anita Harow, que divide a sequência desse desenvolvimento em seis níveis.

a grande valia do conhecimento da área de desenvolvimento motor para que possamos tomar decisões no processo de ensino-aprendizagem da GR.

O que podemos destacar em sua proposta é a relevância dada ao desenvolvimento das aptidões perceptivas como base para a aquisição das habilidades especificas da GR.

A percepção está diretamente ligada à interpretação dos estímulos (informações visuais, auditivos e/ou cinestésicos) que chegam à zona do córtex cerebral e permitem a tomada de consciência. No córtex, temos: a) área sensitiva, que compreende as áreas somestésica, visual, auditiva, vestibular, olfatória e gustativa; b) área motora; e c) área de associação, constituída das áreas gnósicas, relacionadas à linguagem, ao esquema corporal, à memória e às emoções (Machado, 1980). Uma informação pode, pois, representar para o organismo um sinal, e não uma percepção. Portanto, a percepção é sempre consciente, envolvendo aspectos cognitivos, emotivos e mnemônicos.

As aptidões perceptivas são apresentadas por Crause (1985) em subcategorias: a) discriminação cinestésica; b) discriminação visual; c) discriminação auditiva; d) discriminação tátil; e e) capacidade de coordenação.

A *discriminação cinestésica* relaciona-se "à consciência que o indivíduo tem de seu próprio corpo e de como ele se movimenta, de sua posição no espaço (direções, trajetórias, planos) e da relação deste com seu meio ambiente" e apura a capacidade que o indivíduo possui de reconhecer e controlar o próprio corpo e os segmentos que o compõem.

A noção de lateralidade auxilia no momento de apanhar um arco e no aspecto da dominância que é incorporado no contexto da lateralidade. É Crause (1985) quem o elucida:

> [...] para o caso específico da GR, essa dominância se apresenta em relação à manipulação de aparelhos, aparecendo, no entanto, uma equivalência quantitativa e qualitativa para a ambidestralidade manual, que só ocorre através de treinamento, por ser um recurso desejável para a *performance* da modalidade. (p. 28)

Crause (1985) ressalta que essa imagem corporal pode ter seu conceito abalado, uma vez que sofre transformações de acordo com o amadurecimento do indivíduo, podendo a consciência de seu próprio corpo refletir-se na realização de comportamentos motores observáveis, que representam os sentimentos que ele tem em relação à sua estrutura corporal.

Podemos ampliar a definição de consciência corporal do estudo de Crause quando trazemos a concepção de imagem do corpo proposta por Le Boulch (1985, p. 18; 2008, p. 103), que apresenta a "imagem do corpo operatório" no sentido piagetiano, o qual tem um suporte que permite programar mentalmente ações em torno do objeto e, também, em torno do próprio corpo. Essa conquista passa por vários estágios de equilíbrio, que correspondem aos estágios do desenvolvimento motor.

Assim, Le Boulch (1985) aponta a etapa do "corpo vivido", que caracteriza a criança reconhecendo seu corpo como objeto. Antes, a criança nomeava-se na terceira pessoa, mas, nesta etapa, começa a usar os pronomes eu, (a) minha, (o) meu, e sua "experiência emocional do corpo e do espaço termina com a aquisição de numerosas práxis" que lhe permitem distinguir seu próprio corpo do mundo dos objetos, estabelecendo suas primeiras imagens corporais (p. 71).

Em seguida, há a etapa do "corpo percebido", que corresponde à organização do "esquema corporal", caracterizada pela imagem visual do corpo associada às sensações táteis e cinestésicas interiorizadas e verbalizadas. O resultado da estreita interligação entre as duas imagens é a criança que concebe uma imagem do "corpo próprio" e é capaz de se encarregar da sua própria motricidade permeada pela interiorização, isto é, de interagir, ao mesmo tempo, com os dados do "corpo vivido" e os dados perceptivo-cognitivos, condição da unidade do ser afetivo e intelectual. Com essa interiorização, "assim tornada autoconsciência em forma de imagem durante uma ação, a criança terá a possibilidade de modificar um automatismo em execução, sem demasiadas sincinesias e mantendo-lhe a estrutura de conjunto" (Le Boulch, 1987, p. 232).

Torna-se claro que, com base nessa concepção de corpo, se estabelece uma importante orientação para um programa racional e progressivo de educação *pelo* e *do* movimento no contexto da aprendizagem da GR.

A *discriminação visual* compreende a possibilidade de o indivíduo distinguir a forma e os detalhes exatos entre vários objetos e acontecimentos circundantes. A precisão visual é estabelecida quando a criança consegue distinguir figuras geométricas, simples ou combinadas, nas diferentes trocas de formações que se sucedem durante o exercício de conjunto na GR. Seguir a trajetória de uma bola durante um rolamento no solo requer a capacidade de um acompanhamento visual; para executar uma sequencia de saltos e saltitos com variação rítmica, porém, necessita-se da memória visual.

A *discriminação auditiva* "proporciona ao indivíduo a habilidade de controle auditivo através da diferenciação da intensidade de sons e ritmo, constituindo-se para a GR num importante fator para a execução de movimentos com suporte musical" (Crause, 1985, p. 36).

Outra capacidade de extrema importância é a *discriminação tátil*, que estabelece a diferença entre várias texturas. Existem na GR cinco aparelhos de naturezas diferentes: corda, arco, bola, maças e fita. Cada um desses aparelhos possui sua norma de fabricação, e o tipo de material empregado, o peso, o tamanho e a forma são variáveis. A diversidade de tamanho, forma e textura dos aparelhos possibilita a estimulação para o desenvolvimento da capacidade tátil e, consequentemente, a segurança no manejo de cada aparelho com suas características específicas.

A *capacidade de coordenação* envolve atividades que incluem duas ou mais capacidades preceptivas e padrões motores. Na GR, tal capacidade pode ser evidenciada quando a criança está recuperando uma bola ou quicando-a em movimento com os pés. Esse movimento combinado implica a capacidade de distinguir a figura-fundo e coordenar o objeto visualmente percebido com o movimento manipulativo de agarrar.

Ainda de acordo com Crause, a percepção até agora estudada evidencia o quanto é "importante capacitar o indivíduo em seu universo interpretativo, operando sobre dados sensoriais para que possa desenvolver seu potencial e promover a coordenação da conduta de seu desempenho motor" (1985, p. 38).

3 Princípios metodológicos e avaliativos para o ensino da Ginástica Rítmica

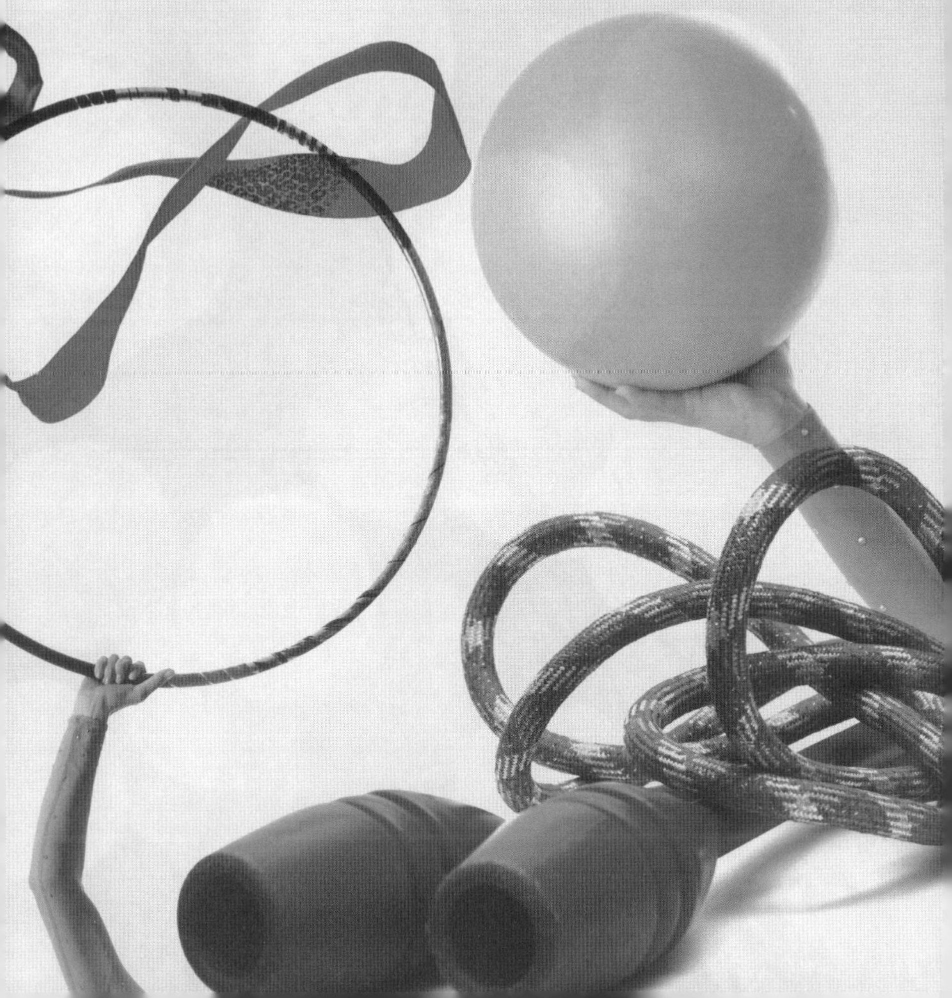

3.1 Um breve histórico

A literatura da área dispõe, atualmente, de inúmeros estudos sobre metodologias do ensino da Educação Física e dos esportes que fornecem subsídios ao professor quanto à escolha de conteúdos, objetivos, procedimentos de ensino e de avaliação que poderão ser usados no processo de ensino-aprendizagem.

Nesse vasto referencial teórico, encontram-se trabalhos que receberam críticas desfavoráveis, principalmente em relação a procedimentos de ensino que se reduzem à reprodução do conhecimento e/ou que são fracos quanto à capacidade de estimular o desenvolvimento da criança. Todavia, há também estudos cuja contribuição para a estruturação de um referencial teórico e prático deve ser mencionada.

Refletindo sobre o papel do professor e do aluno no processo educativo, Ferreira (1984) redimensiona a discussão sob a ótica do modelo de reprodução ou da perspectiva de transformação da prática da Educação Física no primeiro segmento do Ensino Fundamental.

Hildebrandt e Laging (1986) também determinam graus de participação do aluno no planejamento e na execução do ensino da Educação Física a fim de que o aluno possa desenvolver sua personalidade e independência no contexto social.

Sob esses mesmos princípios (de tornar o aluno independente e criativo), tem-se a contribuição de Moston e Ashworth (1986), que propõem dez estilos de ensino da Educação Física: comando, prático, recíproco, autocontrole, inclusão, descoberta dirigida, divergente, individual, iniciado pelo aluno e autoensino. Tais estilos objetivam a relação professor-aluno na execução das tarefas durante o processo de ensino-aprendizagem e sua implicação no desenvolvimento global do aluno. É importante ressaltar que os autores consideram esses estilos um canal de maiores ou menores possibilidades de propiciar a criatividade e a independência do aluno.

Já Freire (1989), em *Educação de corpo inteiro: teoria e prática da Educação Física*, norteado pela teoria de Piaget, estabelece a "cultura infantil" (dos brinquedos e brincadeiras infantis) como vetor principal nas aulas de Educação Física Escolar.

Coletivo de Autores (1992) contribui para uma reflexão da prática pedagógica ao tratar o movimento humano na dimensão da cultura, compreendida como construção histórica e social que visa à emancipação sociocultural dos alunos.

Kunz (1994, p. 7) propõe uma

> ampla reflexão sobre uma possibilidade de ensinar os esportes pela sua transformação didático-pedagógica e tornar o ensino escolar uma educação de crianças e jovens para a competência crítica e emancipada.

Essas obras, entre outras, apresentam subsídios para o encaminhamento do fazer pedagógico. Falar de métodos e avaliação de ensino significa uma fase árida desse fazer pedagógico, momento em que se lida apenas com as questões mais técnicas do ensino? Ledo engano! É nessa fase que decidimos o caminho pelo qual atingiremos o objetivo maior na formação da criança, que é proporcionar seu desenvolvimento de forma integrada no meio ambiente em que ela se relaciona, possibilitando-lhe descobrir, sustentar ou alterar suas propriedades cognitiva, motora, moral e afetivo-social, seja na matemática, nas artes, na Educação Física e nos esportes (Bronfenbrenner, 1996).

Não é o simples fato de selecionarmos determinado estilo/método de ensino e procedimento de avaliação que nos garante oferecer uma formação em que o aluno se apresente criativo e autônomo. Cabe, nesse momento, alertar o profissional de

Educação Física e dos esportes para que possa lidar com questões como a individualidade, os erros, as motivações, as prontidões e os questionamentos dos alunos, bem como propiciar uma coparticipação no planejamento ao eleger o estilo/método de ensino e os procedimentos de avaliação de acordo com os objetivos e os conteúdos na aprendizagem de determinada habilidade motora da GR. Isso poderá, talvez, determinar um perfil do processo de ensino-aprendizagem em que o aluno se mostre criativo e autônomo para se ocupar com questões mais amplas das relações sociais, que vão além do simples ato motor.

3.2 Produzindo e reproduzindo os movimentos da Ginástica Rítmica

Na seção anterior, citamos algumas obras que se dedicam à discussão de métodos e metodologias do ensino da Educação Física e dos esportes sem aprofundarmos todos os preceitos desses estudos. O método de trabalho a que visamos é aquele em que o aluno seja o centro do processo de ensino-aprendizagem. Desse modo, não adotamos uma obra específica; buscamos os princípios contidos nos diferentes estudos, e não fórmulas. Segundo Gadotti (1995, p. 60), a não decisão por um único método não significa que "não se têm caminhos, mas a construção de novos caminhos". Uma sugestão que consideramos valiosa para o ensino-aprendizagem da GR é que a escolha do método seja feita de acordo com o grau de complexidade do movimento, o momento de desenvolvimento do aluno (cognitivo, social, afetivo, motor e emotivo) e o ambiente em que ocorre a aprendizagem.

Nesse âmbito de referencial teórico e prático, gostaríamos de enfatizar a função que os métodos poderão ter e propiciar um grau maior ou menor de participação dos alunos nas cadeias de decisões do processo de ensino-aprendizagem e a questão da cultura infantil de brincadeiras e brinquedos durante as aulas de Educação Física e esportes.

Com esse intento, inicialmente elegemos como princípios metodológicos a obra de Freire (1989), que tem a cultura infantil como sustentação para propiciar outras maneiras de vivências motoras, e a teoria do "*espectrum* de estilos de ensino" de Moston e Ashworth (1986).

Para Freire (1989, p. 112), o brinquedo:

> infantil tem cumprido a importante missão de aperfeiçoar o acervo motor, elevando-se ao nível necessário para dar conta das solicitações que o ingresso no mundo de amplas relações sociais da escola exige.

A utilização de materiais como corda, arco e bola não é exclusiva da GR. Bem antes de a criança ter contato com essa modalidade, ela já brincava com esses materiais no prédio, na rua, nas praças e na escola. Com eles, a criança cria brinquedos e brincadeiras que contribuem para seu desenvolvimento global. Cabe-nos então perguntar: Como facilitar a aprendizagem de outras possibilidades para o uso desses materiais garantindo o entendimento dessas novas habilidades na prática esportiva da GR?

O desafio de fazer que a criança *entenda* o que está vivenciando na perspectiva motora nos coloca ante uma prática da GR que visa a um método de trabalho que possibilita à criança interagir com os materiais da GR (corda, arco, bola, maças e fita); elaborar e executar as combinações dos movimentos corporais com os elementos dos aparelhos manuais em uma coreografia de conjunto (atividade tarefa); e refletir sobre a tarefa realizada. Esse método de trabalho supõe um ensino centrado no aluno, e o professor atua como facilitador da aprendizagem.

Quanto aos princípios contidos na obra de Moston e Ashworth (1986, p. 5), os autores — também visando a um desenvolvimento global da criança — buscaram um método de ensino que

> possibilitasse uma participação progressiva (do mínimo ao máximo) da criança no processo de decisão em que fosse respeitada sua individualidade e que propiciasse o alcance de êxitos e não de fracassos.

No momento de nosso estudo, que resultou em nossa tese de doutorado (Alonso, 2000), trabalhamos com o *espectrum* de dez estilos que possibilitam aos alunos a reprodução e produção de novos conhecimentos. Hoje, essa teoria comporta mais um estilo chamado "descoberta convergente" (Gallahue e Donnelly, 2008).

Esses 11 estilos que perfazem o *espectrum* vão da reprodução à produção de conhecimento, e cada um deles proporciona um desenvolvimento diferenciado sobre os comportamentos — cognitivo, físico (motor), afetivo e social —, fazendo que a criança se torne criativa e independente (Figura 3.1).

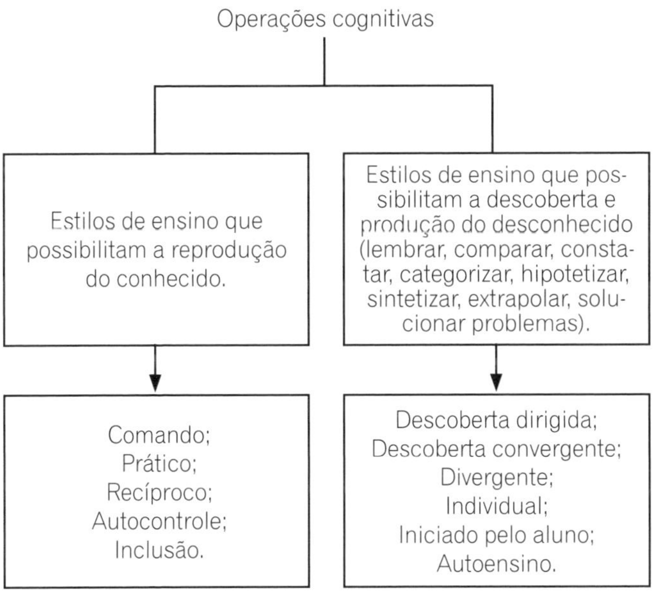

Figura 3.1 – *Espectrum* dos estilos de ensino.
Fonte: Moston e Ashworth (1986); Gallahue e Donnelly (2008).

Um dos axiomas que fundamentam o *espectrum* dos estilos de ensino é que o "comportamento de ensino é uma cadeia de decisões" que se dividem nestas categorias: a) objetivo; b) conteúdo/organização dos conteúdos; c) atividades específicas; e d) formas de retroalimentação para o aprendiz. Tais cadeias de decisões são organizadas em três fases, que Moston e Ashworth (1986) chamam de *pré-impacto, impacto* e *pós-impacto*. O pré-impacto consiste em todas as decisões anteriores ao contato do professor com a turma, como: a) seleção dos objetivos, conteúdo e estilos; b) onde ensinar? c) a comunicação — verbal ou visual? d) a organização das atividades; e e) a escolha dos procedimentos de avaliação.

A fase de impacto visa a implementar as decisões efetuadas no pré-impacto e ajustá-las de acordo com as respostas apresentadas pelos alunos. A fase de pós-impacto é determinada pela avaliação do processo.

Outro axioma que fundamenta a proposta de Moston e Ashworth (1986) é o *non-versus*, ou seja, não se quer confrontar um estilo com o outro. Cada estilo contribui em determinado ambiente de ensino e objetivo da aprendizagem, nível do desenvolvimento dos alunos e complexidade da habilidade motora a ser ensinada. Até o estilo comando, que vem sendo criticado como o estilo que não possibilita a participação do aluno no processo e aparece associado às aulas tradicionais, tem sua contribuição para determinadas situações da aprendizagem. A aprendizagem e a formação integral do aluno não são garantidas pelo *que* se utiliza, mas pela maneira *como* se utiliza. "Nenhum estilo isolado pode alcançar todos os objetivos" (p. 13).

Os estilos que foram selecionados do *espectrum* durante nossa pesquisa de doutoramento para utilização na proposta de ensino da GR foram: comando, recíproco, descoberta dirigida e divergente.

Os estilos comando e recíproco são classificados como os que possibilitam pouca ou nenhuma participação do aluno nas cadeias de decisão, porque são estilos em que a participação do professor nas decisões da aprendizagem é maior que a do aluno.

O estilo *comando* é mais adequado quando se quer atingir os seguintes objetivos: automatização da habilidade, execução sincronizada da coreografia, reprodução de um modelo, perpetuações de traduções culturais, não respeito à individualidade em prol de uma ação em grupo. É utilizado para a terceira fase da aquisição da habilidade motora chamada de "autônoma".

O estilo *recíproco* caracteriza-se por haver um aluno como executante e outro como observador, havendo troca de papéis entre si. São seus objetivos: a repetição da tarefa com a ajuda de um observador; a avaliação imediata do colega; a discussão com o colega sobre os aspectos específicos da tarefa, buscando o entendimento do que se está realizando; o desenvolvimento da tolerância, da paciência e da dignidade; e o experimento de recompensas pelo sucesso do colega. Tem sido utilizado na segunda fase de aquisição da habilidade motora, chamada de "associativa".

Os estilos *descoberta dirigida e divergente* levam o aluno a descobrir um conceito, princípio ou ideia. Ressalta-se que o estilo *descoberta dirigida* desenvolve a relação entre a resposta descoberta pelo aluno e o estímulo apresentado pelo professor. O professor determina a sequência de passos que levam, vagarosamente, o aluno a descobrir o resultado final. Cada passo se baseia na resposta obtida na etapa anterior. A avaliação está inserida em todos os passos da tarefa. Tem sido utilizado na primeira fase de aquisição da habilidade motora, chamada de "cognitiva".

No estilo *divergente*, o professor espera múltiplas respostas para uma única questão. Proporciona ao aluno atingir um nível de segurança afetiva à medida que ele ultrapassa as respostas convencionais, bem como desenvolver habilidades para verificar soluções e organizá-las para metas específicas de acordo com sua capacidade motora. Tal procedimento favorece a descoberta da capacidade cognitiva do aluno na percepção de múltiplas soluções. Tem sido utilizado na primeira e na terceira fase da aquisição das habilidades motoras, principalmente quando é propiciada a elaboração de coreografias por meio de "atividades/tarefas".

Vejamos agora o modo como esses estilos são adotados no processo de ensino-aprendizagem na proposta pedagógica apresentada no Capítulo 4, quando surge a oportunidade de descrever os dados e ocorrências das aulas durante nossa investigação na Escola Oga Mitá.

É importante ressaltar que os princípios da proposta metodológica de Elenor Kunz (1994) é um ensino que passa da função fechada e limitada para uma aberta, em que, a partir da aprendizagem de determinadas competências pelo movimento, o aluno seja capacitado a ser sujeito do seu próprio agir, foram agregados aos princípios metodológicos da proposta pedagógica da GR após os estudos realizados no doutorado.

A proposta de Kunz configura um processo de ensino que visa ao desenvolvimento das competências objetiva, social e comunicativa. A competência objetiva está relacionada às possibilidades/capacidades "individuais e coletivas para agir de forma bem-sucedida no mundo do trabalho, na profissão, no tempo livre e, no caso, no esporte" (p. 38). Quanto à competência social, o autor considera importante

> conhecimentos e esclarecimentos que o aluno deve adquirir para entender as relações socioculturais do contexto em que vive, os problemas e contradições dessas relações, os diferentes papéis que os indivíduos assumem numa sociedade e no esporte, e como estes se estabelecem

> para atender a diferentes expectativas sociais. (p. 38)

A competência comunicativa é considerada fundamental, pois "saber se comunicar e entender a comunicação dos outros é um processo reflexivo e desencadeia iniciativas do pensamento crítico" (Kunz, 1994, p. 39). Logo, propõe-se aos alunos não só que verbalizem os aspectos técnicos dos seus movimentos, mas que também iniciem o processo de entendimento dos sentidos e significados do movimentar-se no contexto da cultura do movimento da GR.

A proposta de Kunz possibilita que os alunos participem de todas as instâncias de decisão (plano de interação) e expressem o entendimento sobre o contexto social (plano da linguagem). O processo de ensino-aprendizagem geralmente é constituído por encenação, problematização e reconstrução coletiva do conhecimento. Em nossa proposta, enfatizaremos a primeira etapa, chamada de encenação, a qual nos possibilita, a partir do diálogo e representações com a turma, compreender melhor o fenômeno esportivo em sua perspectiva histórica e cultural, entender o papel do espectador e conhecer o mundo dos esportes, que é encenado para atender aos critérios e interesses do mercado. Kunz e Souza (2001, p. 26) apontam que "na perspectiva pedagógica de desenvolver a capacidade crítica do aluno, é indispensável o exercício da capacidade comunicativa em forma de argumentação questionadora da realidade".

4 Proposta pedagógica da Ginástica Rítmica

Antes de apresentarmos a estrutura da proposta pedagógica, vamos tratar dos conteúdos próprios da GR. Adotaremos algumas terminologias da Federação Internacional de Ginástica (FIG), bem como termos que retratam os conteúdos trabalhados em contextos não competitivos (aulas de Educação Física Escolar; projetos sociais e outros de caráter demonstrativo).

4.1 Conteúdos da Ginástica Rítmica

A GR é uma modalidade esportiva que tem como essência o trabalho corporal combinado com o manuseio dos aparelhos manuais — corda, arco, bola, maças e fita — em determinado exercício de conjunto ou individual de acordo com o acompanhamento musical. As composições de conjunto e individual, enquanto provas competitivas, são chamadas, segundo a (FIG), de exercício de conjunto e exercício individual.

O objetivo do exercício de conjunto é mostrar o trabalho desenvolvido numa composição de cinco ginastas, numa duração de 2min15s a 2min30s, enquanto, no exercício individual, o desempenho é realizado por uma ginasta no período de 1min15s a 1min30s.

A composição deverá expressar um tema realizado por um "discurso motor" (FIG, 2009), acompanhado por uma música em que esteja presente a relação constante com a dinâmica da movimentação corporal.

É relevante ponderar que os exercícios de conjunto e os exercícios individuais não cumprem nessa proposta o grau de exigência que a FIG estabelece para a sua prática como competição. Isso não significa que perderemos de vista a essência da modalidade, mas optaremos por adaptações nos aspectos de dificuldades.

Na elaboração de exercícios de conjunto e individuais, deve-se observar que possuem os seguintes componentes básicos comuns:

DIFICULDADE — ARTÍSTICO — EXECUÇÃO

A *dificuldade* é considerada o valor técnico máximo que a execução de determinado movimento poderá atingir. Os elementos corporais, combinados aos elementos dos aparelhos[1]

[1] Elementos corporais e elementos do aparelho significam o mesmo que movimento corporal e movimento do aparelho. Neste capítulo, utilizaremos ambos os termos.

executados isolados ou em combinações, podem atingir valorações de 0,10 a 1,00; e, em casos especiais, podem ultrapassar 1,00. O componente dificuldade não recebe destaque na presente proposta, já que nossa preocupação não é o rendimento do aluno em competições, mas a vivência das ações motoras da GR sem o compromisso de tirar 10,0.[2]

Os componentes artístico e execução são os mais explorados nesse processo de iniciação. *Artístico* diz respeito à montagem da coreografia, que deverá levar em consideração: a) escolha equilibrada e harmônica dos elementos técnicos corporais e elementos técnicos dos aparelhos; b) acompanhamento musical de acordo com a ideia e/ou traço característico da composição; e c) variedade na ocupação espacial e na variação da composição.

A composição deverá mostrar ao espectador a ideia do tema, a partir da relação do acompanhamento musical com a comunicação não verbal, traduzida em um máximo de expressividade e emoção (FIG, 2009).

O Quadro 4.1 apresenta a classificação dos grupos de elementos corporais estabelecida pela FIG (2009). A seguir, os Quadros 4.2, 4.3, 4.4, 4.5 e 4.6 enumeram e ilustram os movimentos corporais em cada grupo técnico dos aparelhos manuseados nos exercícios de GR, também de acordo com a FIG (2009).

---

[2] Caso o profissional tenha interesse em saber o valor das dificuldades determinadas pela FIG, poderá consultar o *site* <http://www.fig-gymnastics.com>.

Quadro 4.1 – Classificação dos grupos de elementos corporais

Elementos corporais	
Grupos fundamentais	**Outros grupos**
Saltos	Saltitos
Pivot	Deslocamentos variados (passos rítmicos e formas de andar)
Equilíbrio	Balanceamentos e circunduções
Flexibilidade/ondas	Giros

- **Saltos**

FIGURA 4.1 – Exemplos de saltos.

- ***Pivot***

FIGURA 4.2 – Exemplos de *pivot*.

- **Equilíbrio**

FIGURA 4.3 – Exemplos de movimentos de equilíbrio.

- **Flexibilidade/ondas**

FIGURA 4.4 – Exemplos de movimentos de flexibilidade/ondas.

Quadro 4.2 – Grupos técnicos da corda

Corda	
Elementos técnicos – salto e saltitos por dentro da corda aberta segura pelas duas mãos; – lançar e recuperar (corda aberta segura pela ponta ou corda aberta segura pelo meio); – escapadas de uma das pontas; – rotação da corda. *Manejos* – balanceios; – circunduções; – movimento em 8; – véus e espirais	

Quadro 4.3 – Grupos técnicos do arco

Arco	
Elementos técnicos – rolamentos sobre o corpo e o solo; – rotação ao redor de uma mão ou de uma parte do corpo, ao redor de um eixo do arco; – lançar e recuperar com rotações do arco e no plano oblíquo; – passagens através do arco; – elementos por cima do arco. *Manejos* – balanceio; – circunduções; – movimento em 8.	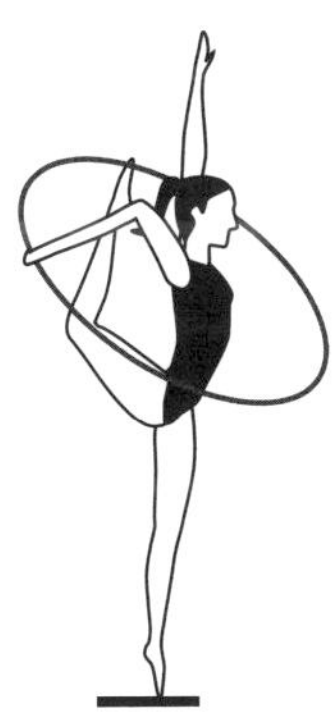

Quadro 4.4 – Grupos técnicos da bola

Bola	
Elementos técnicos – lançamentos e recuperações; – quicadas; – rolamentos livres sobre o corpo ou sobre o solo. *Manejos* – impulsos; – balanceios; – circunduções; – movimento em 8; – inversões com ou sem movimentos circulares dos braços (com a bola em equilíbrio sobre uma das mãos ou sobre uma); – rotações da mão em torno da bola; – pequenos rolamentos e rolamentos acompanhados.	

Quadro 4.5 – Grupos técnicos das maças

Maças	
Elementos técnicos – pequenos círculos; – molinetes; – lançamentos e recuperações com ou sem rotação das maças durante o voo do aparelho (uma ou duas), lançamentos assimétricos e recuperações; – batidas; – movimentos assimétricos. *Manejos* – impulsos, balanceios e circunduções dos braços; – impulsos, balanceios e circunduções do aparelho; – movimentos em 8; – rotação livre das maças; – rolamentos das maças.	

Quadro 4.6 – Grupos técnicos da fita

Fitas	
Elementos técnicos – serpentinas; – espirais; – espirais no solo; – serpentinas no solo; – lançamentos e recuperações; – lançamento *boomerang*; – escapadas; – passagem através ou sobre a fita com todo o corpo ou uma parte. *Manejos* – impulsos; – balanceios; – circunduções; – movimentos em 8; – movimento em 8 no solo (desenhos sobre a superfície do solo); – rotação do estilete em torno da mão; – rolamento do estilete em uma parte do corpo.	

No Quadro 4.7, visualiza-se a variedade de execução dos elementos corporais combinados ao trabalho de manuseio de aparelhos em relação ao espaço.

Quadro 4.7 – Ocupação espacial

Ocupação espacial			
Direção: para frente, para trás, direita e esquerda	Trajetórias: linhas retas e curvas	Planos: frontal, horizontal e sagital	Níveis de execução: alto, médio e baixo

Fonte: (Alonso, 1990).

A variação das composições, com os indicadores de valor técnico e de valor artístico estabelecidos pela FIG (2009), é apresentada no Quadro 4.8.

Quadro 4.8 – Variação das composições

Valor técnico	Valor artístico
número, nível e distribuição de dificuldades corporais e dos aparelhos; trocas (no caso dos exercícios de conjunto).	– variedade das combinações dos elementos corporais com os elementos dos aparelhos, quanto à dinâmica; – elementos pré-acrobáticos; – equilíbrio do trabalho da mão direita e da mão esquerda; – colaboração entre ginastas (exercícios de conjunto); – acompanhamento musical; – variedade nas formações (exercícios de conjunto).

4.2 Pedagogia da Ginástica Rítmica

Conforme anunciado no início deste livro, será descrita a seguir a proposta pedagógica da GR e seu desdobramento nos contextos do processo de ensino-aprendizagem na Escola Oga Mitá.

O programa de ensino da GR aqui apresentado está norteado pelos princípios das teorias de desenvolvimento humano/comportamento motor (Bronfenbrenner, 1996, 2005; Gallahue, 2005; Gallahue e Donnelly, 2008) e de aquisição da habilidade motora na GR (Magill, 1984); pelos princípios metodológicos de Moston e Ashworth (1986), Freire (1989) e Kunz (1994); e da ordenação de conteúdos (Crause, 1985; Alonso, 1990), abordados anteriormente.

Como surgiu esta proposta de programa de ensino?

4.2.1 1ª etapa

Elaboração do Programa de Ensino

O processo de ensino-aprendizagem da GR adotado pela autora nos cursos de graduação em Educação Física, derivado da pesquisa desenvolvida no Curso de Mestrado (Alonso, 1990), norteou o estudo sobre uma proposta metodológica para o ensino da GR. Essa pesquisa teve como objetivo "elaborar e validar instrumentos de medida com referência a critério para serem utilizados na avaliação do domínio cognitivo na práxis da disciplina GR, no Curso de Graduação da UGF". (Alonso, 1990). Para alcançar esse objetivo, a pesquisa desenvolveu-se em três fases: a) propôs uma hierarquia de comportamentos que evidenciou o domínio cognitivo quanto aos conteúdos de ensino da disciplina GR I no Curso de Graduação em Educação Física; b) redefiniu os procedimentos de avaliação adotados na disciplina GR I com relação ao modelo de habilidades comportamentais propostos; e c) elaborou e validou instrumentos de medida para a avaliação do domínio cognitivo na práxis de GR I. Na primeira fase, organizamos as habilidades em

> uma hierarquia de complexidade, com uma habilidade principal que, mesmo subsumindo outras, caracterizam-se por não ser uma simples soma das habilidades anteriores, menos complexas, da hierarquia (Alonso, 1990, p. 63).

A habilidade principal necessária para uma das ações pedagógicas em GR consistiu na elaboração de uma sequência individual lógica, combinando os elementos do movimento corporal com os de aparelhos na composição de exercício de conjunto; como sub-habilidades, temos: a) grupos de elementos do movimento corporal; b) grupos de elementos fundamentais do aparelho manuseado; c) associação dos elementos do movimento corporal, combinados aos elementos fundamentais da bola (poderá ser vivenciado com cada um dos cinco aparelhos utilizados na GR); d) estímulo musical; e e) domínio espacial. Foram determinados indicadores para que cada sub-habilidade fosse atingida. Na Figura 4.5, em que se utiliza como exemplo a bola, facilita a visualização da hierarquização das habilidades e sub-habilidades.

Habilidade principal

Elaborar uma sequência lógica de elementos corporais combinados com os elementos técnicos da bola.

Composição: de 50 segundos a 1 minuto.

Sub-habilidades				
Grupo de elementos corporais	Grupo de elementos fundamentais do aparelho bola	Associação dos elementos combinados com os elementos fundamentais do aparelho bola	Estímulo musical	Domínio espacial
Identificar: a) movimentos com deslocamento: andar; saltos. b) movimentos sem deslocamento, flexão do tronco, equilíbrio sobre os pés, balanceamento e circundução dos braços, giro e *pivot*; c)movimento no solo.	Identificar os grupcs fundamentais de bola: Lançar por impulso; Rolar a bola: Pelo corpo e sobre o solo; Quicada ativa.	Combinar elemento corporal com elemento fundamental do aparelho. Fazer pequenas associações dos elementos corporais e combiná-los com os elementos fundamentais do aparelho.	Escolher o acompanhamento musical com a seguinte estrutura rítmica: andamento lento, moderado e rápido; frase musical de 16 tempos e meia frase de 8 tempos; variação da intensidade	Variar os movimentos em relação ao espaço corporal (planos sagital, frontal e horizontal); espaço geral (frente, trás, linha reta, linha curva e para os lados); e níveis execução (alto, médio e baixo).

FIGURA 4.5 – Hierarquização das habilidades e sub-habilidades relativas à bola.
Fonte: Alonso (1990).

A partir dessa primeira fase, foi elaborada a proposta do procedimento de avaliação com base na medida com referência a critério (MRC). Na tentativa de um melhor esclarecimento, encontra-se no Anexo 1 a especificação do teste e a ficha de observação para a habilidade principal, bem como os itens e suas respectivas fichas de observação para as demais sub-habilidades.

O procedimento de avaliação adotado originou uma avaliação, classificada por Gardner (1995) como "estilo de aprendizagem". As tarefas apresentadas no curso de graduação estimulavam as futuras docentes em GR, durante suas práticas de ensino em GR, para diversas questões:

- Selecionar o melhor elemento corporal para a realização do manejo do aparelho garantiria o êxito da execução?
- Deve-se ensinar o movimento pela demonstração ou por situações problemas?
- As atividades/tarefas com crianças possibilitariam o processo criativo na GR?
- Como são apresentadas as ações motora, cognitiva e afetivo-social, relacionadas entre si, no ensino da GR?
- Podem ser observadas tais ações?
- Como planejar o ensino da GR? (Alonso, 1990)

Logo, a elaboração de uma simples sequência não é reducionismo, mas um grande meio para aprender como ensinar a GR, possibilitando a indicação de diretrizes pedagógicas para o ensino-aprendizagem dessa modalidade esportiva. O fato mais importante não é o produto da avaliação, mas seu processo. Desse modo, elaboramos, aplicamos, ouvimos, renovamos e continuamos nossas reflexões sobre esse maravilhoso e desafiador processo de ensino-aprendizagem da GR no âmbito da escola, em que as turmas são mistas e com grande número de alunos, os quais apresentam diversos desejos e mistério em relação aos seus corpos e práticas corporais.

A partir desse procedimento de avaliação, determinou-se uma proposta metodológica para o ensino da GR, considerando-se o aluno e suas experiências motoras adquiridas no meio social onde vive.

Dessa maneira, seria imprudente fechar as ações/conteúdos/metodologias/avaliações nesse momento como sendo um caminho único e de verdade absoluta para o ensino da GR. É importante, ao determinar um programa de ensino, não estabelecer regras a serem adotadas, mas princípios, nas áreas de conhecimento abordadas anteriormente, que servirão como eixo norteador de uma intencionalidade pedagógica centrada no aluno.

A proposta elaborada a seguir de um programa de ensino de GR apresenta as seguintes seções: a) ações; b) conteúdos; e c) desenvolvimento: metodologia e avaliação.

Proposta de um programa de ensino de GR

Esta proposta, elaborada para atender aos objetivos do contexto de aprendizagem da Escola Oga Mitá, é passível de alterações no âmbito dos objetivos, conteúdos, metodologias e avaliação diante do ambiente em que ocorre o processo de ensino-aprendizagem da GR.

Ações

- *Motora*: executar uma composição, elaborada pelo próprio grupo, do exercício de conjunto com o aparelho de livre escolha (bola/corda/fita);
- *Cognitiva:* elaborar uma composição do exercício de conjunto com aparelho de livre escolha a partir dos indicadores estabelecidos pelo professor/aluno;
- *Afetivo-social:* cooperar e colaborar, pela interação com os colegas, na elaboração da composição do exercício de conjunto.

Conteúdos

- *Elementos corporais:*
    - Grupos fundamentais – salto, equilíbrio, *pivot* e flexibilidade/onda.
    - Outros grupos – saltitos, deslocamentos variados, giros, balanceios e circunduções.

- *Elementos técnicos da bola:* lançamentos e recuperações, quicadas, rolamentos sobre o corpo ou o solo, impulsos, balanceios, circunduções, movimentos em oito, inverter com ou sem movimentos circulares dos braços.

- *Elementos técnicos da corda:* saltos e saltitos por dentro da corda, lançamento e recuperação, escapada de uma ponta, rotações da corda, balanceios, circunlações, movimentos em oito.

- *Elementos técnicos da fita:* serpentinas, espirais, impulsos, balanceios, circunduções, movimentos em 8, lançamentos e recuperações, escapadas, passagem através da fita ou sobre ela, com todo o corpo ou uma parte.

- *Combinações e associações dos elementos corporais com os elementos da bola e com os elementos da fita.*

- *Elementos pré-acrobáticos:* rolamentos para frente e para trás, sem tempo de suspensão; reversões: frente, trás, laterais (sem marcar parada na vertical, com uma ou duas mãos).

- *Exercícios de conjunto*

  Observação: todos os movimentos deverão ser vivenciados em diferentes ritmos, trajetórias, direções e níveis de execução.

Desenvolvimento

São utilizadas, para o alcance das ações propostas, aulas práticas e teóricas em que serão aplicados métodos de ensino que permitem a maior ou menor participação do aluno no processo de ensino-aprendizagem, propiciando a reprodução e produção de novas habilidades específicas e conhecimentos da GR. Os procedimentos levarão em consideração os estilos de ensino, propostos por Moston e Ashworth (1986), como: comando, recíproco, descoberta dirigida e divergente, e o princípio da cultura infantil de Freire (1989).

O procedimento de avaliação terá base nas ações propostas, considerando-se a variedade de informações, os ritmos de aprendizagem e o inter-relacionamento das ações motora/cognitiva/afetivo-social. Desse modo, serão utilizadas quatro atividades/tarefas por meio do princípio do estilo divergente proposto por Moston e Ashworth (1986). Tais atividades estão configuradas na hierarquia do menor para o maior grau de complexidade, que possibilitará, por meio de uma ficha de observação, registrar as ações estabelecidas nesse programa. A avaliação também será realizada como um dos meios de aprendizagem da GR.

4.2.2 2ª etapa

Operacionalizando o programa de ensino da GR

Esta etapa aborda o trabalho desenvolvido no momento da elaboração de nossa tese doutorado (Alonso, 2000) com crianças do sexo feminino, de 5 a 9 anos de idade, na Escola Oga Mitá, situada na zona norte do Rio de Janeiro. Foi aplicado o Programa de Ensino apresentado na 1ª etapa, que propiciou uma rica contribuição para a construção de uma verdadeira práxis pedagógica em GR e possibilitou elaborar as fichas de observação com o intuito de registrar os comportamentos manifestados (motor, cognitivo, afetivo-social) durante o processo de ensino-aprendizagem da GR.

Apresentamos aqui a primeira vivência da aplicabilidade dessa proposta, que ocorreu no período de abril a dezembro de 1998 e de março a julho de 1999. As aulas foram ministradas duas vezes por semana, com duração de 1 hora, totalizando noventa aulas, que corresponderam a 58 aulas durante o período letivo de 1998 e 32 aulas durante o ano de 1999.[3]

[3] Cabe ressaltar que atualmente essa proposta pedagógica do ensino da GR é procedimento de referência para os alunos das disciplinas Ginástica Rítmica II e III (GRII e GR III) no Curso de Licenciatura em Educação Física da Universidade Federal do Rio de Janeiro, onde é dada a esses futuros docentes a oportunidade de ministrar aulas em turmas mistas (meninos e meninas) no Clube Escolar do Fundão da rede municipal do Rio de Janeiro, onde a GR é oferecida como atividade extracurricular.

O Clube Escolar do Fundão é um Programa de Extensão da Secretaria Municipal de Educação da Cidade do Rio de Janeiro, cuja sede está situada na Escola de Educação Física e Desportos da UFRJ, por força de um convênio firmado entre a Prefeitura desta cidade e a Universidade Federal do Rio de Janeiro.

A partir das ações propostas inicialmente no programa, foram determinadas, durante seu desenvolvimento, ações motoras de menor grau de complexidade com o intuito de facilitar a realização da ação motora principal. Essa tomada de decisão deu-se após três meses do início das aulas e contou com a participação das alunas à medida que se identificavam as facilidades e dificuldades na elaboração e na execução das tarefas apresentadas pela professora. Cada ação motora (Figura 4.6) apresenta as ações nos âmbitos cognitivo e afetivo-social, além de representar as atividades/tarefas desenvolvidas pelas alunas no terceiro momento das aulas.

Associações dos elementos corporais combinados entre si

Associações dos elementos corporais combinados com os elementos do aparelho de livre escolha (corda, bola e fita)

Trabalho espacial e figuras

Composição do exercício de conjunto-aparelho de livre escolha (corda, bola e fita)

Figura 4.6 – Ações motoras.

Com relação às práticas esportivas ali oferecidas, considera-se o seu desenvolvimento nas seguintes bases: criar uma prática desportiva diversificada e dirigida ao maior número possível de associados, visando ao aperfeiçoamento das suas potencialidades; garantir que o aprendizado e/ou o aperfeiçoamento das práticas desportivas não se construa sob o ponto de vista da obtenção de um apuro técnico excessivo, de modo que a preocupação com resultados se torne um motivo de exclusão da atividade; construir condições para que as práticas esportivas nos clubes escolares ofereçam aos alunos a possibilidade de vivenciarem atividades que combinem alegria, liberdade de escolha, responsabilidade (consigo mesmo e com os outros), iniciativa e disciplina, atitudes estimuladas em um contexto de convívio no grupo (Falcão, 2007). *Relato de experiência da prática pedagógica das disciplinas* GR II e GR III, 2007. Trabalho de Conclusão de Curso (Graduação em Educação Física). Curso de Educação Física, EEFD, UFRJ, 2007

O que e como trabalhar o aparelho na GR sempre foram alvos de polêmica. Podemos observar ações pedagógicas que inicialmente trabalham a técnica corporal e, em seguida, o manuseio de um dos cinco aparelhos específicos da GR (corda, bola, arco, maças e fita). Há outra ação pedagógica que adota o trabalho corporal simultaneamente ao manuseio de um dos aparelhos. Tal procedimento foi alvo de investigação por Tibeau (1988) em sua dissertação de mestrado, que visou a estudar a "eficiência e a eficácia do emprego de uma metodologia do ensino da GR" e na qual utilizou o aparelho nas primeiras aulas, contrapondo-se à metodologia tradicional que utiliza o aparelho após o domínio dos elementos corporais. Essas duas correntes, porém, empregam um material de cada vez para ser apreendido, dando preferência à corda, à bola ou ao arco.

Nessa proposta, adotamos um procedimento que se diferencia das duas correntes até então mencionadas. O trabalho corporal é simultâneo, com mais de um aparelho durante as aulas da GR, ou seja, não se espera o domínio de um aparelho para ensinar o outro. Baseamo-nos no princípio da seleção das informações do ambiente por meio de várias atividades com aparelhos de natureza diferente, atingindo várias vias sensoriais e ampliando a capacidade de aprendizagem e de integração com o meio (De Marco, 1998).

O processo de escolha dos aparelhos pelas crianças partiu da apresentação dos cinco aparelhos (corda, arco, bola, maças e fita) durante as atividades do primeiro dia de aula e da exposição de filmes sobre a modalidade.

Os aparelhos corda e bola foram selecionados, pois as crianças tinham o hábito de utilizá-las nas brincadeiras do pátio e da rua. A fita também foi escolhida porque desempenhava o papel de aparelho "sedutor" para a prática da atividade, encantando as alunas pela possibilidade de desenhar figuras (espiral e serpentinas). Dessa maneira, começamos com três aparelhos e buscamos a segurança de seus manuseios. As normas dos aparelhos (peso e tamanho) foram adaptadas de acordo com a idade das alunas sem descaracterizar o material utilizado oficialmente na modalidade.

O desenvolvimento das aulas se processava em três momentos, cuja estrutura pode ser visualizada no Quadro 4.9.

Quadro 4.9 – Estrutura do desenvolvimento das aulas

Momentos da aula	**Conteúdo**	**Metodologia/avaliação**
1º	Exploração e execução dos elementos corporais e diversas formas de manuseio dos aparelhos de forma isolada e combinada em relação a diferentes ritmos, planos e direções (aptidões perceptivas). Educação da postura e do movimento (aptidões físicas).	Estilos de ensino: descoberta orientada, recíproco e comando.

Continua

Continuação

Momentos da aula	Conteúdo	Metodologia/avaliação
2º	Automatização dos elementos corporais e dos elementos dos aparelhos de forma isolada e combinada.	Estilos de ensino: comando e recíproco.
3º	Elaboração de associações e exercícios de conjunto, a partir das combinações dos elementos corporais com os elementos dos aparelhos.	Estilos de ensino: descoberta orientada e divergente. Avaliação: a partir das atividades/tarefas A/B/C/D realizadas.

- *1º momento*: destinava-se à introdução do tema da aula e às ações pretendidas. Como atividade inicial, era proposta, por meio dos estilos de ensino, a descoberta orientada e o recíproco, a execução dos elementos corporais e a exploração das diversas formas de manuseio dos aparelhos corda/bola/fita (aptidões perceptivas); como estilo de comando, buscamos a educação da postura e do movimento (aptidões físicas).
- *2º momento*: trabalhava-se a execução dos elementos corporais e dos elementos dos aparelhos (corda, bola e fita) de forma isolada e combinados entre si, utilizando-se como procedimento metodológico os estilos comando e recíproco.
- *3º momento*: caracterizava-se pela síntese e avaliação; eram trabalhadas as combinações dos ele-

> mentos corporais com os elementos do aparelho escolhido pela turma na elaboração de pequenas associações e/ou exercícios completos de conjunto por meio dos estilos divergente e descoberta orientada. Nesta etapa da aula, desenvolviam-se as tarefas (A/B/C/D) propostas pela professora a partir do diálogo com as alunas para que as ações estabelecidas no início da aula fossem observadas.

É importante ressaltar, novamente, que os aparelhos – corda, bola e fita – foram trabalhados simultaneamente em quase todas as aulas. Isso difere dos procedimentos encontrados para o ensino da GR na literatura atual, que apontam para uma aprendizagem dos aparelhos separadamente.

De acordo com a ordenação das ações apresentadas, foram desenvolvidas tarefas e seus indicadores, os quais foram estabelecidos entre a professora e as alunas. As tarefas eram apresentadas no 3º momento da aula, cujos objetivos eram a síntese da aula/avaliação formativa e a possibilidade de elaborar as fichas de observação. A seguir, selecionamos exemplos de algumas atividades/tarefas que foram trabalhadas naquele momento.

Tarefa A

Ações:

Afetivo-social: cooperar, pela interação com os colegas, na resolução da tarefa.

Cognitiva/motora: elaborar e executar em grupo uma associação de conjunto dos elementos corporais, combinados entre si:

a) deverá conter no mínimo os seguintes elementos:

Movimentos com deslocamentos
- uma forma de andar
- uma forma de saltitar
- uma forma de saltar

Movimentos sem deslocamentos
- uma forma de flexibilidade e onda
- uma forma de giro
- uma forma de equilíbrio

Movimentos no solo
- sentado
- deitado

b) a ordem dos elementos corporais, na associação, fica a critério do grupo;

c) poderá conter mais elementos que o mínimo estabelecido.

Tarefa B

Ações:

Afetivo-social: colaborar com os colegas na produtividade da resolução da tarefa;

Cognitiva/motora: elaborar e executar uma associação de conjunto dos elementos corporais combinados com os elementos da bola, contendo os seguintes indicadores:

a) deverá ter, pelo menos uma vez, estas combinações:
   - lançamento e recuperação da bola, com salto de livre escolha;
   - lançamento e recuperação da bola, com saltito de livre escolha;
   - quicadas ativas da bola, com o andar de livre escolha;
   - quicadas ativas, com giro de livre escolha.
   - rolamento da bola sobre o solo, com saltito de livre escolha;
   - balanceios com a bola em equilíbrio sobre uma das mãos;

b) a ordem das combinações fica a critério do grupo;

c) poderá conter mais combinações dos elementos corporais com os elementos da bola que o mínimo estabelecido;

d) a escolha da execução dos elementos corporais e da bola fica a critério das alunas.

Tarefa C

Ações:

Afetivo-social: cooperar, pela interação com os colegas, na resolução da tarefa.

Cognitiva/motora: executar a coreografia elaborada na tarefa anterior, acrescentando os seguintes indicadores:

a) variar as combinações realizadas em relação ao espaço corporal:
   - Planos: horizontal/sagital/frontal.
   - Direção: para frente/para trás/direita/esquerda.
   - Trajetória: linha reta/linha curva.
   - Nível de execução: nível alto/nível médio/nível baixo.

b) o grupo deverá formar, no mínimo, três figuras geométricas no espaço;

c) essas variações estão relacionadas somente à movimentação corporal.

Tarefa D

Ações:

Afetivo-social: cooperar e colaborar com os colegas na interação e produtividade da resolução da tarefa.

Cognitiva/motora: elaborar e executar uma composição do exercício de conjunto num grupo de ...... alunas com duração de 1min30s, no mínimo, a 2 minutos no máximo, com os seguintes indicadores:

Continua

Continuação

a) deverá conter, pelo menos uma vez, os elementos corporais.............., ..., ..., ..., ..., [a serem indicados pelas alunas], combinados com os elementos técnicos do(s) aparelho(s) ...., ..., ..., ..., ... [um ou dois aparelhos a serem escolhidos pelas alunas];

b) deverá conter pelo menos duas figuras diferentes;

c) deverá apresentar variação dos movimentos em relação ao espaço corporal e geral:

- Planos: frontal, sagital e horizontal.
- Trajetórias: linhas retas e curvas.
- Direção: para frente, para trás e para os lados.
- Nível de execução: alto (em pé), médio (ajoelhado e semiajoelhado) e baixo (sentado ou deitado).

d) deverá apresentar um acompanhamento musical com a seguinte estrutura rítmica:

- Andamento de acordo com a velocidade de execução dos movimentos: lento/moderado/rápido.
- Intensidade do som: fraco/forte.
- Música com um ou mais instrumentos e com ou sem vozes.

e) apresentação da pose inicial e final.

A partir dessas atividades/tarefas, observamos as ações motora, cognitiva e afetivo-social por meio de fichas de observação. Para as ações motora e cognitiva, foi elaborada uma única ficha, na qual se possibilita levantar os dois aspectos como se pode observar a seguir:

Ficha de Observação (I)

Tarefa "......................"

Ações: cognitiva e motora

Instrução:

Assinale no campo da ação cognitiva a presença (S) ou a ausência (N) dos indicadores que deverão constar na coreografia. No campo de ação motora, marque se a execução dos movimentos/elementos apresentados foi realizada com (CD) com dificuldade e sem dificuldade (SD).

Ações / Indicadores	**Cognitiva**		**Motora**				
			Alunas				
			A	**B**	**C**	**D**	**E**
Preencher de acordo com os indicadores da atividade/tarefa							

A Ficha de Observação (I) foi construída com base nos instrumentos de medida relacionados aos critérios utilizados para identificar os aspectos cognitivos numa vivência da prática pedagógica da GR (Alonso, 2000). A ficha foi utilizada por cada grupo, e na ação cognitiva observou-se o modo como foram escolhidos e apresentados os indicadores pelo grupo; na ação motora, identificou-se a execução dos movimentos individualmente, classificando-os em *executados sem dificuldade* (SD) e *executados com dificuldade* (CD). Essa classificação aparece descrita no campo de observações da ficha.

A Ficha de Observação (II), referente às ações afetivo-sociais, foi elaborada a partir da "Ficha para Registro da Observação do Comportamento Social (FROCS-1)", de D'Antola (1981), que visa identificar os comportamentos sociais esperados durante o trabalho em grupo. Com base em pesquisa realizada nas Unidades Escolares da Rede Municipal de São Paulo, D'Antola determinou as seguintes categorias, com os seus respectivos desdobramentos, para compor seu instrumento: a) comunicação; b) interação; c) produtividade; d) organização do material; e) posicionamento; e f) atividades formais (ver Anexo 2).

A partir da ficha proposta por D'Antola, foi elaborada, para cada atividade, a Ficha de Observação (II) (1ª parte), contendo até 17 itens, que correspondiam aos aspectos afetivo-sociais estabelecidos pela professora para a atividade em questão.

Basicamente, foram escolhidas duas categorias: a) interação – dividida em "coopera na interação" e "dificulta na interação"; e b) *produtividade* – dividida em "disposição para a realização da tarefa", "recusa a realizar as tarefas", "contribuição para o desenvolvimento do conteúdo", e "não contribuição para o desenvolvimento do conteúdo". Em cada categoria há indicadores que determinam as valorações positivas e negativas, cujo objetivo é tornar a frequência de comportamentos negativos igual a zero e aumentar a presença de comportamentos positivos durante o processo de ensino-aprendizagem.

Ficha de Observação (II) (1ª parte)

Tarefa "....................."

Ação: afetivo-sociais

Instruções:

Assinale com um traço a frequência com que cada categoria das ações afetivo-sociais ocorrem durante a realização da atividade.

Categoria (interação e produtividade)	Grupo A Alunas				Grupo B Alunas		
	A	B	C	D	E	F	G
AJUDA NA INTERAÇÃO (interação)							
a) Pede opinião.							
b) Auxilia a colega.							
c) Aceita auxílio da colega.							
d) Elogia a colega.							
e) Esforça-se para que o trabalho se realize em grupo.							
DIFICULTA A INTERAÇÃO (interação)							
f) Acusa a colega dos seus erros.							
g) Ri das faltas cometidas.							
DISPOSIÇÃO PARA REALIZAR A TAREFA (produtividade)							
h) Após o grupo instalado, começa a trabalhar imediatamente.							
i) Executa as tarefas que o grupo lhe pede.							
j) Coloca-se à disposição do grupo.							
RECUSA A REALIZAR AS TAREFAS (produtividade)							
k) Não executa as tarefas que o grupo lhe pede.							
l) Precisa de solicitação do professor para começar a trabalhar.							
m) Realiza um trabalho diferente das tarefas do grupo.							
CONTRIBUI PARA O CONTEÚDO (produtividade)							
n) Expõe ao grupo seus conhecimentos sobre o assunto.							
o) Sintetiza as ideias do grupo.							
NÃO CONTRIBUI PARA O DESENVOLVIMENTO DO CONTEÚDO (produtividade)							

A utilização de apenas 17 comportamentos de cada vez possibilita ao professor maior tranquilidade para efetuar os registros de sua observação. Uma ficha que contenha muitos comportamentos a serem observados não é de fácil operação e compromete a veracidade dos dados.

Foram adotados, de acordo com D'Antola (1981), os seguintes procedimentos para a observação: a) de posse das fichas, sentar ao lado do grupo que será observado; b) colocar o comportamento de cada aluno que será observado e o porquê da observação; c) fazer um traço no aluno para indicar os comportamentos que serão observados; d) reservar dez minutos de observação para cada grupo; e e) estabelecer um rodízio para que todos os grupos sejam observados pela mesma quantidade de vezes.

A segunda parte da Ficha de Observação (II), referente às ações afetivo-sociais, é composta de perguntas nas quais se procura levantar como a criança se sente ao realizar a tarefa, ao trabalhar com o aparelho na atividade e ao realizar a atividade em grupo. Foram utilizadas cinco maneiras de expressão facial para determinar o grau de contentamento ao realizar a atividade. Cabe ressaltar que as alunas participaram, no processo decisório, das cinco maneiras e cores de tais expressões.

Ficha de Observação (II) (2ª parte)

Grau de contentamento na realização das atividades.

Deixe aqui sua satisfação.

1. Como você se sente ao realizar essa atividade/tarefa?

Feliz Triste Zangado Surpreso Dúvida

2. Como você se sente ao trabalhar com a bola?

Feliz Triste Zangado Surpreso Dúvida

3. Como você se sente ao realizar essa atividade/tarefa com o grupo?

Feliz Triste Zangado Surpreso Dúvida

O levantamento das experiências motoras adquiridas no meio social em que a criança vive foi realizado pelas observações feitas durante as duas primeiras semanas de aula. Nosso objetivo era verificar se a criança dominava alguma habilidade motora, oriunda das brincadeiras infantis, quanto aos materiais corda e bola. Com a corda, observou-se se a criança saltava por dentro da corda parada e em deslocamento e se pulava e tocava um cordão (brincadeira de corda mais comum entre crianças, em que se utiliza uma corda de aproximadamente três metros de comprimento, cujas extremidades são seguradas pelas crianças no intuito de girar a corda para que outra criança pule dentro). Quanto à bola, levantou-se se a criança dominava o quique de bola com uma das mãos parada e em deslocamento (andando e/ou correndo), se a arremessava no intuito de atingir um alvo e a lançava com uma das mãos para o alto, e a rolava sobre o solo a fim de percorrer determinada trajetória. Para tanto, foi elaborada a Ficha de Observação (III), que apresenta os indicadores supracitados, para checagem das experiências motoras adquiridas.

Ficha de observação (III)

Checagem das experiências motoras manifestadas nas brincadeiras e brinquedos infantis

Alunos / Habilidades			
Pular corda parada individualmente			
Pular corda deslocando-se individualmente			
Pular o "cordão" (Brincadeiras infantis)			
Tocar o cordão			
Quicar a bola parado			
Quicar a bola deslocando-se			
Arremessar a bola			
Lançar a bola			
Rolar a bola no solo			

Observações: ______________________________

____

____

4.3 Apreciações sobre as ações motora, cognitiva e afetivo-social manifestadas durante o processo de ensino-aprendizagem

- *Ações motoras e cognitivas*

O reconhecimento das experiências motoras adquiridas no meio social das crianças possibilitou uma seleção dos conteúdos iniciais da GR, nos quais buscamos habilidades motoras que propiciassem o desenvolvimento das capacidades perceptivas e físicas por meio da exploração do manuseio dos aparelhos corda, bola e fita de forma isolada e combinada com os elementos corporais. Arco e maças não foram escolhidos pela turma que por ora estamos enfocando, como foi exposto anteriormente.

Considera-se que a GR seja um esporte privilegiado por possuir habilidades motoras próximas à cultura corporal encontrada em brincadeiras e jogos infantis. Como exemplo, podemos citar: pular corda, rolar e arremessar uma bola em jogo, rotações do arco em torno de alguma parte corpo, além de corridas e os passos das danças regionais (folclore). Isso nos favorece possibilitar, desde os 5 anos de idade, as vivências motoras na GR sem que iniciemos precocemente a modalidade.

Não se deve confundir vivência de determinada habilidade motora com desempenho em alto nível dessa habilidade desejada. Mais uma vez, não é *o que* se ensina, mas *como* se ensina. Ora, é trabalhando as habilidades motoras da GR a partir das habilidades motoras de menor grau de complexidade, que se relacionam a habilidades motoras básicas, e explorando os materiais de naturezas diferentes em formas, tamanhos e pesos que iniciaremos a aprendizagem da GR, de modo a favorecer o desenvolvimento das capacidades perceptivas e físicas sem prejudicar o desenvolvimento e diminuir os riscos de complicações físicas e emocionais na criança.

Desse modo, priorizamos os conteúdos relacionados no Quadro 4.10 para serem vivenciados no processo de ensino-aprendizagem da GR que estamos relatando.

Quadro 4.10 – Seleção dos conteúdos a serem vivenciados no processo ensino-aprendizagem da GR

Elementos corporais	**Corda**	**Bola**	**Fita**
correr andar: natural/ cruzado/molejado/ balanceado/ valsado/deslizado saltitos: 1º e 2º saltos: vertical/ grupado/polca/ tesoura/passo-pulo	saltos e saltitos por dentro da corda; rotações da corda;	lançamentos e recuperações; rolamentos livres sobre o solo ou sobre o corpo;	impulsos, balanceios, circunduções e movimentos em 8;

Continua

Continuação

Elementos corporais	Corda	Bola	Fita
giros equilíbrio: em pé/ sobre o joelho/ sobre o quadril balanceamentos e circunduções	balanceios; movimentos em 8.	quicadas; balanceios.	serpentinas; espirais.

Obs.: todos os movimentos deverão ser vivenciados em diferentes planos, direções, trajetórias e níveis de execução, além de estimular o equilíbrio de manuseio dos aparelhos entre o lado direito e o esquerdo, bem como a movimentação corporal.

As habilidades motoras relacionadas no Quadro 4.9 foram vivenciadas, observadas e analisadas pelas alunas, que buscavam identificar na execução de tais habilidades suas dificuldades ou facilidades para realizá-las durante as atividades/tarefas que lhes foram oferecidas no terceiro momento da aula. Esse procedimento proporcionou às alunas e à professora o estabelecimento de indicadores utilizáveis na Ficha de Observação (I) das ações cognitiva e motora, sendo um dos objetivos apontar as habilidades motoras executadas sem dificuldade (SD) e com dificuldade (CD).[4]

[4] Cabe lembrar que não demos à terminologia *dificuldade*, aqui em questão, o mesmo significado do Código de Pontuação da Federação Internacional de Ginástica (FIG, 2009), que classifica suas ginastas, nas competições, de acordo com o grau de dificuldade na execução dos elementos apresentados durante os exercícios em conjunto e individual. Assim, foram estabelecidos os indicadores quanto à execução dos elementos corporais (Quadro 4.11), ao manuseio dos aparelhos (Quadro 4.12) e ao trabalho espacial relacionado com o corpo e ao acompanhamento musical (Quadro 4.13). O modo de linguagem aqui empregado para a descrição da execução dos elementos corresponde à linguagem falada e compreendida por alunas e professora durante as aulas.

Quadro 4.11 – Indicadores quanto à execução dos elementos corporais

1º Saltito	Sem dificuldades	Com dificuldades
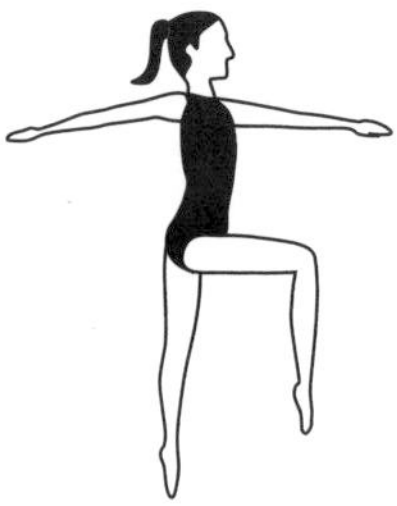	Elevação do braço à frente, alternando a perna que se encontra semiflexionada à frente, de forma contínua, sem interrupção do movimento, e com "ponta dos pés" (pés estendidos).	Não alternar o braço com a perna; não apresentar "ponta do pé" (pés estendidos).

2º Saltito	Sem dificuldades	Com dificuldades
	Braços ao lado do corpo; com elevação alternada das pernas semiflexionadas, durante a fase de suspensão do saltito; pés estendidos.	Não alternar as pernas semiflexionadas; iniciar o saltito com a perna não dominante.

Salto vertical	Sem dificuldades	Com dificuldades
	Saltar com os braços e pernas estendidas; domínio do corpo durante a fase de suspensão; abordagem no solo com leveza.	Pernas flexionadas, braços sem definição espacial (sem domínio corporal) durante a fase de suspensão do salto; abordagem no solo com forte impacto.

Salto Grupado	Sem dificuldades	Com dificuldades
	Durante o salto, trazer os joelhos à altura do tronco, sem inclinar o corpo para frente; abordagem no solo com leveza.	Durante a fase de suspensão do salto, flexiona-se o tronco, fazendo que ele se aproxime das pernas flexionadas; abordagem no solo com forte impacto; chegar ao solo com os pés afastados.

Salto Polca	Sem dificuldades	Com dificuldades
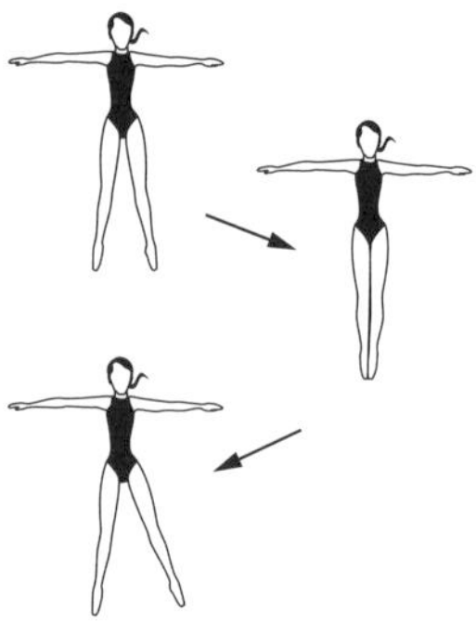	Durante a fase de suspensão do salto, as pernas deverão estar unidas e ter domínio corporal.	Durante a fase de suspensão do salto, as pernas se mantêm afastadas e os pés não ficam unidos; sair pouco do solo; movimento do ombro no momento da impulsão para a fase de suspensão do salto.

Salto Tesoura	Sem dificuldades	Com dificuldades
	Elevação alternada das pernas estendidas; abordagem no solo com leveza.	Pernas não estendidas durante a fase de suspensão do salto; abordagem no solo com forte impacto.

Salto passo-pulo	Sem dificuldades	Com dificuldades
	Manter uma perna à frente e a outra atrás durante a fase de suspensão do salto; pernas estendidas; domínio corporal durante o salto; abordagem no solo com leveza.	Sem definição espacial das pernas durante a fase de suspensão do salto, confundindo-se com o salto tesoura; pernas flexionadas; abordagem no solo com forte impacto.

Giro	Sem dificuldades	Com dificuldades
	Fazer o giro com o calcanhar fora do chão; a cabeça é a última que sai e a primeira que chega durante a rotação corporal.	Não tirar o calcanhar do solo; durante a rotação do corpo, a cabeça inicia o movimento.

Equilíbrio	Sem dificuldades	Com dificuldades
	Ficar nas posições de equilíbrio, com domínio corporal, sem perder o ponto de apoio.	Perder o ponto de apoio rapidamente.

Balanceamento	Sem dificuldades	Com dificuldades
	Fazer movimentos de pêndulos com os braços, acompanhados com o corpo, e transferência do peso corporal a partir da base (pés/pernas); acompanhamento da cabeça.	Fazer o movimento de pêndulo com os braços, sem ação combinada com o restante do corpo; braços rígidos (tensos); a cabeça não acompanha a movimentação dos braços.

Quadro 4.12 – Indicadores quanto ao manuseio dos aparelhos

Corda	Sem dificuldades	Com dificuldades
	Segurar a corda pelas pontas, com leveza, durante a sua movimentação de saltitos e saltos por dentro da corda e de rotações ao lado do corpo; não alterar o desenho da corda durante a sua movimentação; não tocar no solo e nos pés, durante os saltitos e os saltos por dentro da corda.	Utilização demasiada da articulação do ombro para a execução dos saltitos e saltos por dentro da corda; tocar a corda no solo e nos pés durante os saltitos e saltos por dentro dela; durante o balanceamento e movimento em 8, apresentar alteração do desenho da corda; não estender o pé durante os saltos e saltitos por dentro da corda (falta de domínio corporal).

Bola	Sem dificuldades	Com dificuldades
	Segurar a bola sobre a palma da mão, sem agarrá-la, mas equilibrando-a; a mão deve tomar a forma arredondada da bola; recuperar a bola sem ruídos e sem interromper sua trajetória de descida; lançar a bola saindo pela ponta dos dedos da mão; quicar fazendo uma leve pressão na bola de encontro ao solo, sem batê-la; rolar a bola no solo sem fazer pequenos quiques no solo (sobressaltos).	Agarrar a bola com os dedos durante os balanceios, movimentos em oito, circunduções e giros; recuperar a bola com ruído; lançar a bola suspendendo os ombros próximo às orelhas; quicar a bola, olhando o tempo todo para ela; não conseguir recuperar (pegar) a bola de imediato, é necessário que a bola dê um quique no solo para sua recuperação; durante as combinações dos elementos corporais com elementos da bola, não apresentar domínio corporal.

Fita	Sem dificuldades	Com dificuldades
	Segurar pela extremidade o estilete; as serpentinas e espirais são executadas a partir da movimentação do punho; os impulsos, balanceios, circunduções e movimentos em oito são executados com a maior participação das articulações do ombro e cotovelo; a fita deve ser mantida em movimento e sem fazer "estalos" (ruídos)	Não apresentar desenhos na maior parte da fita durante as serpentinas e espirais; executar as circunduções, impulsos, balanceios e movimentos em oito com estalos; apresentar excessiva elevação dos ombros em direção às orelhas, durante o seu manuseio; tocar a fita no corpo durante o seu manuseio, provocando nós na fita; durante as combinações dos elementos corporais com os elementos da fita, não apresentar domínio corporal.

Quadro 4.13 – Indicadores quanto ao trabalho especial relacionado ao corpo e indicadores quanto ao acompanhamento musical

Trabalho Espacial	Sem dificuldades	Com dificuldades
	Posicionar- se corretamente no espaço para a formação das figuras geométricas; realizar os movimentos na direção, nos planos, na trajetória e no nível de execução determinados pelo grupo.	Posicionar- se de maneira incorreta no espaço, fazendo com que as figuras geométricas não fiquem visíveis; realizar movimentos contrários à direção, aos planos, à trajetória e nível de execução determinados pelo grupo.

Acompanhamento Musical	Sem dificuldades	Com dificuldades
	Movimentar-se conforme as variações rítmicas apresentadas na música escolhida pelo grupo.	Não acompanhar o ritmo da música escolhida pelo grupo, durante a execução dos elementos.

Notamos que, durante a participação das alunas na tomada de decisão sobre a escolha dos critérios de execução dos elementos em sem dificuldade (SD) e com dificuldade (CD), outros comportamentos foram gerados:

- escolheram os elementos que todas do grupo pudessem realizar para serem executados na coreografia;
- utilizaram o estilo recíproco de modo espontâneo, com o objetivo de estabelecer os indicadores de execução SD e CD;
- evidenciaram ações cognitivas mais complexas que a identificação e memorização dos elementos, como:
    - compreenderam o significado das normas de execução dos elementos da GR;
    - aplicaram os princípios do domínio espacial para variar a execução dos elementos corporais e do manuseio dos aparelhos;
    - analisaram quais eram os elementos corporais e dos aparelhos mais adequados à utilização em combinações por existir uma constante relação de causa e efeito durante as elaborações dessas combinações;
    - organizaram em uma coreografia todas as combinações dos elementos corporais com os ele-

mentos do aparelho, determinando a síntese da tarefa proposta.

- *Ações afetivo-sociais*

Era constante a participação das alunas nas decisões do processo de ensino-aprendizagem, principalmente no terceiro momento da aula, durante as atividades/tarefas. Essa etapa da aula permitiu observar, também, ações *afetivo-sociais*. Tais ações, que são determinadas pelos aspectos interpessoais e intrapessoais, estão presentes em todas as atividades do processo de ensino-aprendizagem e se tornam peças fundamentais para que possamos nos relacionar com o grupo.

Dessa maneira, consideramos a atividade/tarefa que cumpriu o papel de síntese dos conteúdos vivenciados e aprendidos nas aulas de GR para observar e desenvolver os comportamentos afetivo-sociais entre as alunas como indicadores para o crescimento psicológico e para compreender o significado da atividade/tarefa.

Em um semestre, totalizamos doze atividades/tarefas, e, destas, três correspondiam à complexidade da Tarefa A, quatro, à da Tarefa B, três, à da Tarefa C e duas, à da Tarefa D. Dessas doze atividades/tarefas, retiramos como amostra uma de cada nível de complexidade para apresentar de que maneira foram observadas, analisadas e entendidas as ações afetivo-sociais esperadas e manifestadas durante todo o processo de ensino-aprendizagem da GR.

A cada proposta de realização da atividade/tarefa, a professora explicou que seriam observados os comportamentos afetivo-sociais.

No término da atividade/tarefa, as anotações eram apresentadas e as alunas tinham a oportunidade de concordar, discordar, apresentar justificativas de certas atitudes, enfim, tomar ciência e consciência dos seus comportamentos e acompanhar sua evolução em grupo e individualmente.

Para isso, a primeira parte da Ficha de Observação (II) identifica com que frequência os comportamentos relativos à interação e à produtividade se apresentavam durante a realização da atividade/tarefa.

A proposta inicial era a observar duas categorias (interação e produtividade) simultaneamente em cada tarefa; porém, no decorrer do processo, verificamos que dezessete itens eram de difícil análise, colocando em risco a operacionalização e a veracidade dos dados. Dessa maneira, optamos em observar e trabalhar uma categoria de cada vez.

Esse procedimento possibilitou acompanhar as alunas em seu desenvolvimento humano. Bronfenbrenner (1996, p. 47) assinala as estruturas interpessoais como contexto do desenvolvimento humano a partir das relações entre os indivíduos nas atividades em determinado ambiente, realizadas em grupo ou não. Nessas relações, chamadas pelo autor de "transições ecológicas", estão presentes as mudanças de papel, em que podemos alterar nossos sentimentos, emoções, motivações e intenções e fomentar o crescimento psicológico.

Para Gardner (1995, p. 27), "o aspecto interpessoal baseia-se na capacidade nuclear de perceber distinções entre os outros, em especial, contrastes em seus estados de ânimo, temperamentos, motivações e intenções", buscando a compreensão do outro para trabalharmos com eles.

O comportamento afetivo-social do indivíduo está fortemente ligado à condição de conhece a si mesmo e aos outros, o que é influenciado pelos sistemas de símbolos da cultura dos componentes do grupo social.

Esse conhecimento pessoal pode ser dividido em várias etapas ou estágios. A cada etapa, é possível identificar características que são importantes para o desenvolvimento da nossa esfera pessoal e a melhora de nosso próprio bem-estar ou nosso relacionamento com o grupo.

Ainda de acordo com Gardner (1994), no início da vida escolar (de 5 a 8 anos) a criança começa a ter clara a "linha entre o eu e o outro, e a perspectiva própria e a dos outros indivíduos já pode ser delineada". Também possui o entendimento da reciprocidade, em que ela se comporta a partir da sua própria perspectiva, porém, "possui o potencial de vestir a lente dos outros e apreender tanto questões materiais quanto pessoais a partir dos pontos de vista deles" (p. 193).

Nessa fase, a criança inicia "como uma criatura excessivamente social e governada por normas — que, sobretudo, deseja ser um membro representativo das comunidades nas quais vive". Ela se relaciona além do círculo familiar, formando amizades e relações com iguais, sendo capaz de reconhecer as simples intenções e motivações dos outros.

Outro aspecto dessa etapa informa que a criança está compromissada em parecer hábil e competente, tornando-se especialmente preocupada com a aquisição de habilidades, conhecimentos, competências e objetivos.

A meia-infância é marcada por um período de cinco anos, que vai do início da escola até o da adolescência, em que aparece a tendência continuada para uma maior sensibilidade social, que permite à criança envolver-se mais em suas amizades, procurando manter um relacionamento pessoal. A inclusão no grupo é fundamental, assim como é "desolador" sentir-se excluída ou ocupar o lugar mais baixo no grupo. Dessa maneira, a criança é levada a despender uma grande energia para manter um relacionamento.

Nessa etapa, ela demonstra um senso muito aguçado das motivações dos outros, o que determina um tempo gasto para pensar sobre a esfera interpessoal, podendo "efetuar um conjunto de manipulações mentais sobre possíveis interações com os outros indivíduos: *ele pensa que eu penso que ele pensa...*" (Gardner, 1994, p. 193).

A criança também apresenta um senso mais pleno das próprias competências e carências, podendo incluir "julgamentos prematuros de inadequação ou avaliações irrealistas de eficácia", o que a leva a adquirir sentimentos de desamparo e frustração quando se convence de que não pode desempenhar determinadas ações.

> a criança pode vir a se sentir completamente sozinha se for incapaz de forjar amizades efetivas com outros indivíduos, e, pela primeira vez, esta incapacidade de se relacionar com os outros pode ser sentida como um fracasso que rebaixa sua autoestima. (Gardner, 1994, p. 194)

Considerando os princípios apresentados por Gardner (1994) sobre a evolução do conhecimento pessoal da criança, procuramos esclarecer alguns comportamentos das alunas no aspecto afetivo-social durante a realização das atividades/tarefas, tomando como base as categorias *interação* e *produtividade* nos itens da primeira parte da Ficha de Observação (II).

Observamos o quanto a aluna ajudava a cooperar pela *interação* a partir do momento em que pedia a opinião da colega, auxiliava-a, aceitava seu auxílio, elogiava-a e esforçava-se para que o trabalho se realizasse em grupo. A seguir, destacamos alguns dos momentos registrados no processo de ensino-aprendizagem da GR.

Como registro do comportamento "pedir opinião ao colega", temos as seguintes situações: "*Estou fazendo certo?*"; "*Está bonito agora?*"; "*E agora, como saio daqui?*" (quando a aluna tentava realizar uma passagem corporal por dentro da corda); "*O que você acha melhor, professora, este ou aquele movimento?*" (a aluna demonstrou dois movimentos para a professora no intuito de ajudá-la na escolha dos movimentos); "*Você não acha melhor fazer com a bola se a gente escolher essa música?*"

Poderíamos transcrever as inúmeras falas apresentadas, mas o importante é deixar claro que "pedir opinião" foi identificado como pedir auxílio para executar seu movimento de acordo com o critério de execução sem dificuldade (SD) já estabelecido por alunas e professora e solicitar ajuda na escolha dos indicadores para a realização da atividade/tarefa. Tal fato corresponde ao comportamento esperado nessa faixa etária, quando a criança necessita mostrar capacidade de atingir seus objetivos (Gardner, 1994).

É importante relatar que uma das alunas alegou não se sentir motivada para trabalhar com a corda, e outra não sentiu necessidade de pedir opinião, pois considerou sua execução sem dificuldade (SD). A partir desses relatos, a professora e as alunas refletiram sobre as implicações dos fatos na tentativa de buscar aproximação e interação dessas alunas com o grupo.

Outro aspecto analisado foi a disponibilidade para "auxiliar a colega". Esse comportamento foi o mais manifestado entre a turma, e pudemos observar e anotar algumas falas como: "*Não, deixa que eu ajudo a tirar o nó da fita*"; "*Já consegui, agora posso ajudar você*; "*Não! Entra com esta perna primeiro*"; "*Quer ver? É só começar por este lado*"; "*Lança mais alto, foi parar no meu pé!*"; "*Ah! Seu braço está dobrando*"; "*Vem cá, você vai cair!*"; "*Melhor dobrar a calça*" (nesse momento, a aluna falava e executava a ação de suspender a calça de ginástica da colega). Nessas falas, identificamos o auxílio à colega como sendo a disponibilidade para ajudar na execução dos movimentos sem dificuldade (SD) e propiciar a segurança dela.

O fato de as alunas apresentarem alta disponibilidade para auxiliar na execução das colegas decorre da utilização do estilo recíproco no momento da resolução da tarefa. Como dito anteriormente, esse estilo de ensino propicia que a aluna vivencie dois papéis: o de aluna executante e o de aluna observadora, e uma das principais funções é apontar as dificuldades de execução de sua colega para facilitar a aquisição da habilidade. As alunas desempenhavam com espontaneidade o papel de observadoras e, ao mesmo tempo, percebiam a importância do procedimento de ensino empregado no processo de ensino-aprendizagem da GR, no segundo momento da aula, para buscar as resoluções da atividade/tarefa.

Oferecer ajuda, porém, envolve a aceitação, ou não, dessa ajuda. A "aceitabilidade do auxílio" não corresponde à mesma frequência em ajudar. Quando se perguntou à turma o motivo das recusas, as alunas disseram, na sua maioria, que desejavam auxiliar, mas suas companheiras do grupo não aceitaram a ajuda. Algumas das justificativas apresentadas pelas alunas foram: "*Eu não queria aquele movimento na coreografia, por isso não estava a fim de fazer*"; "*Ah! Estava cansada, e era muito difícil o movimento. Por que tem de ser sempre com a mão direita?*" (essa aluna tinha mão esquerda como dominante no manuseio dos aparelhos); "*Ninguém tentou me ajudar*".

Esses depoimentos fizeram-nos considerar que o fato de não haver receptividade na ajuda, na mesma proporção de oferecimento, foi decorrente das situações específicas do estado interno da pessoa. Observe-se o exemplo da aluna que realizava melhor os movimentos com a mão esquerda, que optou por não aceitar a ajuda da colega para não lidar com o fracasso na realização da tarefa. Outra aluna, desde o início, mostrou dificuldades de interação com o grupo e pouco pediu opinião, auxiliou a colega ou aceitou algum tipo de ajuda, demonstrando desinteresse nas atividades apresentadas pela professora.

Ao contrário, houve uma aluna que pouco pediu opinião ou auxiliou a colega, mas aceitou ajuda de suas companheiras, fazendo que, nesse momento, pudesse estar mais exposta e aberta para se relacionar com o grupo, mesmo apresentando limitações na sua comunicação verbal quando questionada sobre as suas dificuldades.

O que relatamos remete às configurações de díades durante o trabalho do grupo, como pudemos explicar no Capítulo 2 ao abordarmos o desenvolvimento humano

(Bronfenbrenner, 1996). Lembrando que a díade conjunta apresenta propriedades como a reciprocidade, o equilíbrio de poder e a relação afetiva, podemos identificar a reciprocidade no momento em que a aluna aceitava a ajuda dada pela companheira, a qual proporcionava um estímulo para que ela se dedicasse na execução da atividade e, ainda, se empenhasse em modelos de interação social progressivamente mais complexos.

O equilíbrio de poder foi observado quando a maioria da turma esteve mais disponível para exercer o papel de observadora que de executante. A observadora cumpre momentaneamente o papel de professora, que exerce "poder" maior que o de aluna na comunidade em que se encontravam.

A relação afetiva foi sendo fixada à medida que os sentimentos positivos e negativos eram exteriorizados pelas alunas durante as relações diádicas e foi, posteriormente, trabalhada pela professora e pelas alunas, visando ao crescimento psicológico das componentes do grupo durante o processo de ensino-aprendizagem da GR.

Ao analisarmos o comportamento de atribuir "elogios à colega", registramos frases do tipo: "*Ficou bonito*"; "Tá ótimo!"; "*Você sempre tem boas ideias*". Essas falas, porém, foram escassas e partiram da minoria. As próprias alunas ficaram surpresas com a baixa frequência de elogios à colega. Algumas disseram: "Não elogio, porque a professora é quem elogia"; "*Tenho vergonha*"; "*Mas eu disse que estava bom*".

Esses depoimentos nortearam a discussão, na turma, sobre a importância de atribuir elogios espontâneos com mais frequência, chamando a atenção para o fato de termos o hábito de apontar mais os defeitos que as qualidades da colega. É interessante observar que esse grupo de meninas se encontra na fase do investimento de suas relações interpessoais. Gardner (1994, p. 193) destaca que as meninas "são capazes de andar consideráveis distâncias para manter um relacionamento pessoal", ou seja, investem para construir uma amizade e, no entanto, as demonstrações de afeto verbalizadas não foram escolhidas para sedimentar a relação afetiva que o grupo constituiu.

Os registros relativos ao comportamento do "esforço despendido" para a realização do trabalho em grupo foram: a preocupação com as colegas para que estivessem atentas às sugestões apresentadas na tentativa de resolução da tarefa; a espera pelo retorno da colega que havia saído do grupo momentaneamente para beber água, ir ao banheiro, cumprimentar alguns pais que chegavam ao final da aula para assisti-las e só depois realizar os movimentos em conjunto; e a cessão de opinião para que o grupo saísse do conflito estabelecido por divergências de ideias. Evidenciamos uma troca aberta de opiniões e sentimentos que propiciou a coesão da turma. Uma das alunas chamou a atenção por demonstrar mais disponibilidade para mediar as divergências de ideias. Ela se importava que todas concordassem antes de dar continuidade às etapas seguintes da resolução da tarefa. Isso nos fez considerar que ela cumpria o papel de "mãe" (a que cuida e protege) das menores, já que as alunas de 5 e 6 anos de idade da turma estimulavam esse tipo de comportamento, procurando-a sempre que se estabeleciam divergências de ideias.

Os comportamentos manifestados, como "acusa a colega de seus erros"; "ri das faltas cometidas", que impedem a interação social do grupo, foram analisados simultaneamente.

Verificamos que somente duas alunas obtiveram registros no comportamento "ri das faltas da colega" e que nenhuma obteve registro em "acusa a colega do seu erro". O baixo índice de frequência nessa categoria reforça a ideia de que as alunas tinham mais disponibilidade para promover a interação que para dificultá-la. Segundo as alunas, o motivo das risadas foram as "brincadeiras" de uma das colegas do grupo, isto é, o objetivo não foi intimidar a colega por ter dificuldade de realizar o movimento.

Depoimentos como esses e outros apresentados anteriormente geraram debates que serviram como ponto de partida para a conscientização do quanto é importante buscar um padrão de equilíbrio entre interação e relações que seja suficientemente aceitável por todas as alunas. Ou seja, não se deve impor ideias, mas lidar com as diferenças e os limites motores, cognitivos e afetivo-sociais das componentes do grupo, esforçar-se para que o trabalho seja realizado por todas do grupo, motivar a colega com elogios espontâneos, aceitar ou não críticas construtivas, ajudar as pessoas e construir um ambiente de trabalho melhor a partir de um bom entendimento com a colega.

Podemos considerar que a interação social da turma deu-se por meio de uma cooperação em que as relações positivas, cordiais e confiantes entre os membros foram mais evidenciadas que as hostis.

A outra categoria observada foi quanto à *produtividade,* e verificamos o quanto as alunas estavam dispostas e interessadas em realizar a tarefa a partir dos seguintes comportamentos: após o grupo instalado, começam a trabalhar imediatamente; executam as tarefas que o grupo lhes pede; colocam-se à disposição do grupo para realizar alguma tarefa; expõem ao grupo seus conhecimentos sobre o assunto; e sintetizam as ideias do grupo.

O comportamento "trabalhar imediatamente após o grupo formado" caracterizou-se pela movimentação imediata da turma na busca da resolução da atividade/tarefa. O que observamos foi certa demora para a turma ser dividida em grupos. Por diversas vezes, as alunas solicitavam à professora que todas realizassem a atividade/tarefa em um único grupo. Essa atitude fazia que a professora reunisse a turma para que decidissem juntas a possibilidade de trabalhar em grupos menores, apontando suas vantagens, e considerassem questões como o tempo para o cumprimento da tarefa e a complexidade na dificuldade da resolução da tarefa.

Isso nos leva pensar que os membros do grupo se reuniram mais para suprir suas necessidades interpessoais que pela preocupação na resolução da tarefa. A maioria das alunas encontrava-se no estágio em que é relevante inserir-se em lugares de destaque, sendo de extrema importância, como padrão social, estar incluída no grupo.

O comportamento "executar as tarefas que o grupo lhe pede" foi identificado quando as alunas cumpriam as solicitações do grupo, como: ocupar o espaço de acordo com a figura estabelecida; tentar executar os movimentos escolhidos; levar a música para realizar a tarefa; e guardar o material.

O motivo que levou a maioria das alunas a responder a tais solicitações pode decorrer do interesse pela atividade sem que nos esqueçamos de que os objetivos da atividade podem estar relacionados aos objetivos individuais, uma vez que era importante para as alunas mostrar uma solução da tarefa que superasse a do outro grupo mesmo que a professora não estimulasse a comparação de desempenho entre os trabalhos apresentados pelos grupos.

O comportamento de se "colocar à disposição do grupo para realizar alguma tarefa" foi observado quando as alunas se dispunham a marcar o tempo de execução dos movimentos de acordo com a música, colocar as fitas no solo no intuito de demarcar a área de execução da coreografia, anotar a ordem dos movimentos da composição do exercício de conjunto e dos números de acertos das trocas de aparelhos e descrever os movimentos por meio de desenhos.

O próximo comportamento observado relacionou o quanto as alunas apresentavam conhecimento sobre a GR. Pudemos identificar o comportamento de "expor o conhecimento sobre o assunto" quando as alunas relatavam: "*Ah, podemos colocar agora o salto passo-pulo porque fica melhor nesta parte da música*"; "*Este movimento não é saltito, é salto!*" (referindo-se ao salto tesoura); "*Giro é com os dois pés no chão*"; "Não! *Isso é serpentina, nós ainda não temos é a espiral*"; aluna A: "*Acho que está faltando fazer mais uma figura, vamos contar? 1- círculo, 2- fila, 3- as duplas*"; aluna B: "*Mas as duplas têm de fazer uma formação*"; aluna A: "*E agora ficou difícil*".

Um fato importante observado foi que três alunas falavam em voz mais alta suas sugestões e entendimentos dos indicadores da atividade/tarefa. Isso não significa que as demais alunas não possuíssem esses conhecimentos, pois observamos que algumas se inibiam para expô-los, falando tão baixo que era impossível ouvi-las e identificá-las. Essa atitude condiz com o que Gardner (1994, p. 194) identifica na criança, no período da meninice, como o medo de se mostrar incapaz, fazendo até mesmo que se acredite em sua ineficácia. A criança, em consequência, sente-se incapaz de se relacionar com os outros, o que pode gerar introspecções e rebaixar sua autoestima.

Para a conclusão das atividades/tarefas, era importante que as combinações dos elementos corporais com os específicos dos aparelhos apresentassem uma sequência lógica. Para isso, foi necessário "sintetizar as ideias" apresentadas pelo grupo para que pudessem constituir uma estrutura que antes não era evidente. Dessa maneira, uma das alunas se destacou mais, e esse destaque nos faz acreditar que a aluna foi a que apresentou, de forma mais clara, o caráter dominante nos aspectos de "liderar uma tarefa", "dar ordens" e "mediar as divergências de ideias". No entanto, esse desequilíbrio mereceu uma intervenção mais específica sobre a importância do equilíbrio das participações nas decisões do grupo, e foi decidido que o destaque de uma aluna não era apropriado, já que o trabalho era em grupo e o compromisso era de todos os membros do grupo.

O comportamento identificado de não colaborar para a produtividade do grupo foi identificado quando as alunas não "executaram as tarefas que o grupo pediu". Algumas alunas recusaram-se a realizar os movimentos que identificaram como sendo de difícil execução; desse modo, era mais fácil não realizar a tarefa que enfrentar as limitações e vencer as dificuldades. Outra aluna justificou sua recusa por um motivo contrário ao das colegas: relatou que sua recusa se deu por saber executar o movimento, fazendo-a decidir não repeti-lo várias vezes.

Não foi identificado o comportamento de necessitar da solicitação do professor para começar a trabalhar, porque a maioria da turma mostrou sempre estar disponível para a realização das atividades/tarefas.

O comportamento "realizar um trabalho diferente das tarefas do grupo" ocorreu quando as alunas apresentaram muita facilidade para aprender os movimentos, ou seja, enquanto suas colegas do grupo tentavam automatizar os movimentos, essas alunas buscavam atividades paralelas como: ir ao outro grupo e participar de suas atividades, manusear outro material que não estava sendo trabalhado pelo grupo e conversar com a professora sobre assuntos diferentes da tarefa proposta. Esses fatos foram apontados pela professora, que mostrou as vantagens e desvantagens de se ter essas atitudes no cumprimento da resolução da tarefa.

O comportamento "não contribuiu para o desenvolvimento do conteúdo" foi registrado somente por uma aluna, a mesma que não participou na síntese das ideias do grupo. Procuramos saber o motivo de sua pouca participação na questão de contribuição para o conteúdo, e ela declarou que se "*sentia cansada*". O grupo não aceitou essa justificativa porque também estava cansado, mas, mesmo assim, deu sua contribuição. A atitude de estar "cansada" foi apenas uma desculpa encontrada para a dificuldade de realizar um movimento proposto pelo grupo, o que gerou modificação no estado interno da aluna, levando-a à apatia e ao desinteresse em contribuir com soluções para a tarefa. Assim, o grupo solicitou à colega que se manifestasse mais a respeito das suas dificuldades, podendo se sentir à vontade para sugerir o que quisesse e comunicar o porquê de não estar ajudando.

Outros comportamentos, que não constavam na primeira parte da Ficha de Observação (II), foram anotados e levados ao grupo para discussão e possíveis soluções: a) ir ao banheiro e sair para beber água sem pedir licença ao grupo; b) sair da aula para cumprimentar as professoras de turmas que passavam no local da atividade; c) não se pentear adequadamente para a atividade; d) perder muito tempo para dividir a turma em grupos; e e) colocar a música no aparelho de som sem pedir permissão ao outro grupo que o estava utilizando.

O destaque de algumas alunas na exposição dos dados acima apresentados deu-se como exemplo da forma pela qual eram analisadas e trabalhadas as ações afetivo-sociais. Isso não significa que as demais alunas não tiveram seus comportamentos também analisados. Esses dados elucidam os comportamentos afetivo-sociais apresentados durante o processo de ensino-aprendizagem da GR, visando ao equilíbrio entre o cumprimento da tarefa, às motivações interpessoais e ao grau de direção externa. Logo, para que um grupo se desenvolva até um estado em que a tarefa externa seja desempenhada e os problemas interpessoais, resolvidos, é necessário que as alunas construam um grupo cooperativo, cujos membros estejam empenhados em cumprir os objetivos estabelecidos pelo grupo para solucionar as atividades/tarefas. A cooperação é um comportamento social que resulta tanto na aceitação social como na consecução dos objetivos do grupo.

Estamos certos de que o entendimento sobre a interação social estabelecido durante o processo de ensino-aprendizagem da GR pode ajudar as alunas a realizar melhores trabalhos, fazer novas amizades, influenciar positivamente as pessoas e, também, mostrar ao grupo como entender os outros e como auxiliar os que precisam.

Outra fase de observação do comportamento afetivo-social ocorreu, durante as aulas, por meio de um painel que estava exposto e continha a segunda parte da Ficha de Observação (II). Ao final da aula, a aluna colocava seu nome abaixo das faces que correspondiam ao seu estado de contentamento. Algumas vezes, as alunas se posicionavam diante de dois estados de contentamento, refletindo os vários momentos por que passaram durante a realização das atividades/tarefas.

Identificamos, durante o período da realização das quatro atividades/tarefas, os seguintes estados de contentamento:

- a maioria marcou "feliz" por sentir prazer em participar das atividades/tarefas;
- a maioria marcou "feliz" e "surpresa" por se sentir capaz de solucionar e completar as atividades/tarefas com o grupo;

- a maioria marcou "feliz" ao trabalhar com a fita;
- dez alunas marcaram "feliz", duas, "preocupada" e duas, "triste" ao trabalharem com a bola.

O procedimento de levantar o estado de contentamento por meio das faces propiciou à professora esclarecimentos sobre os comportamentos manifestados, como o da aluna que se declarou "triste" ao trabalhar com a bola. Essa aluna foi a mesma que se recusou a aceitar a ajuda de suas colegas por alegar que não queria aprender, porque tinha dificuldade em trabalhar com o aparelho bola e com a mão não dominante. Como foi dito pela aluna, "*o aparelho bola é chato*".

Essa segunda parte da Ficha de Observação (II) das ações afetivo-sociais auxiliou no processo de ensino-aprendizagem para identificar se as atividadades/tarefas eram de natureza "molar" ou não. Atividade "molar", segundo Bronfenbrenner (1996), caracteriza-se quando a aluna apresenta interesse pela atividade, levando-a a dar continuidade na execução desta por um longo período. O grande desafio era tornar uma atividade/tarefa "chata" em prazerosa e interessante, fazendo que a aluna permanecesse na realização da tarefa até ser completada com satisfação.

Um fato não esperado foi o registro do nome da professora abaixo da face triste feito por uma aluna no dia em que a professora se mostrou descontente com as bolsas, roupas e sapatos espalhados no chão da quadra, atrapalhando a aula. A professora aproveitou esse fato como uma excelente oportunidade para discutir seus sentimentos em relação à turma diante de algumas situações, e passou a ser hábito das alunas perceber e registrar os contentamentos da professora por meio da utilização das faces.

Verificamos, neste estudo, a possibilidade da aprendizagem da GR em momentos em que a ação motora não se restringiu apenas à automatização dos elementos. Buscamos e alcançamos o entendimento dessa ação numa perspectiva motora criativa e autônoma, interagindo com as questões dos sentimentos e das relações sociais presentes no grupo e com ele, indo além do simples ato motor mecanizado e possibilitando uma prática corporal consciente.

O que estamos aumentando é a possibilidade de que, na fase adulta, essas alunas tenham um conhecimento pessoal que permitirá "ler" as intenções e desejos (mesmo quando ocultos) de muitos outros indivíduos e, parcialmente, atuar sobre esse conhecimento para que possam desenvolver suas funções sociais, cognitivas e motoras de forma consciente e construtiva.

4.4 Os estilos de ensino e suas implicações na aquisição das habilidades motoras da Ginástica Rítmica

Desenvolvimento vital e criação espiritual, ou seja, domínio de todas as

> possibilidades do movimento em todos os graus de tensão, é o requisito para que o indivíduo obtenha a elasticidade necessária, interna e externa, que exige seu bem-estar. Isso não pode ser obtido por uma exercitação mecânica vinda de fora. O externo, o mecânico, é justamente o que deve ser superado, em uma educação real para conseguir uma unidade interna sentida (Bode, 1957 apud Langlade e Langlade, 1970, p. 91)

Os estilos de ensino — comando, recíproco, descoberta dirigida e divergente — foram aplicados de acordo com os estágios da aprendizagem motora: cognitivo, associativo e autônomo (Fitss e Posner, 1967 apud Magill, 1984). Procuramos fazer que as alunas adquirissem novas habilidades motoras, respeitando suas personalidades e melhorando suas possibilidades de escolha. Considerando que o conteúdo a ser aprendido inicialmente na GR relaciona-se diretamente a uma fase de grande importância para o desempenho futuro, a escolha da situação estimuladora para tal aprendizagem não pode se limitar a aulas que reproduzem o movimento apresentado pelo professor, mas aquelas que possibilitem às crianças descobrir movimentos, expressar os sentimentos em relação às suas ações motoras e utilizar as experiências adquiridas no meio social.

Assim sendo, durante o estágio *cognitivo* na aprendizagem dos novos elementos corporais e elementos dos aparelhos, utilizamos o *estilo descoberta dirigida*. Essa fase exploratória durante a aprendizagem da ação motora, cuja característica é a informação, é considerada de extrema importância. A informação tem de ser dada de modo a atingir as várias vias sensoriais, como a audição, o equilíbrio, a visão, o tato (exteroceptores – sensação), bem como as que compreendem os proprioceptores responsáveis pela capacidade cinestésica (percepção dos movimentos corporais).

Segundo De Marco (1998), o princípio de seleção das informações do meio ambiente, do ponto de vista neuropsicológico, talvez seja o processo determinante no desenvolvimento humano a partir do momento em que o sistema nervoso possibilita a escolha e a eleição de um ou mais estímulos apresentados simultaneamente entre muitos outros, ampliando, assim, nossa capacidade de aprendizagem e de integração com o meio substancialmente. É principalmente nos primeiros contatos da criança com os aparelhos que devemos estimulá-las com situações diversas para que os utilize e os sinta de modo que possam considerá-los parte do seu próprio corpo.

"É importante as crianças disporem de aparelhos de tamanho proporcional ao seu para não se atrapalharem, cometendo erros que podem levar à frustração" (Róbeva e Rankélova, 1991, p. 57). Esse é um dos inúmeros princípios que devem ser considerados na fase inicial de aprendizagem da GR. Outro dos mais relevantes diz respeito aos movimentos adquiridos pela criança em sua infância, quando, ao brincar com a bola, esta adquire forma e significado diferentes dos utilizados na GR.

Não devemos nos esquecer das habilidades adquiridas anteriormente apenas porque a criança não mais brinca com a bola, mas pratica GR. Temos de propiciar diferentes formas de utilização desse material, estimulando-as a descobrir com a bola que o movimento das mãos deve parecer parte integrante do movimento de todos os membros do corpo. Tal procedimento viabilizará a compreensão do movimento e, em consequência, possibilitará à criança manifestar seus sentimentos em relação à ação motora aprendida.

Isso nos leva a acreditar que os procedimentos de ensino não podem ser eficazes para todos e que não há uma fórmula única para a retenção das informações e dos estímulos no processo de aprendizagem da habilidade motora. Contudo, é responsabilidade do profissional de Educação Física e dos esportes estar atento às diferenças existentes entre seus alunos a fim de minimizar as dificuldades de aprendizagem que se apresentam.

Logo, no Programa de Ensino aqui descrito, favorecemos o desenvolvimento das aptidões perceptivas à medida que as alunas exploravam e descobriam as diversas possibilidades de manusear o aparelho e executar os elementos corporais da GR, isolados e/ou combinados entre si, sem a demonstração do gesto motor da professora.

Nessa etapa da aprendizagem, o papel da professora foi o de propiciar às alunas o máximo possível de invenção, evitando que copiassem seus movimentos e aceitassem os erros que, na realidade, correspondiam simplesmente a uma inadequação entre a resposta e o movimento esperado. Esse procedimento impõe o abandono da mecanização e incita a acentuar o controle sensorial no ajustamento motor, que compreende uma coordenação motora aceitável, a qual viabiliza a exploração de vários movimentos voluntários.

É importante ressaltar o surgimento de trabalhos com corda e bola que não correspondiam às normas técnicas de manuseio estabelecidas na GR. A execução desses manuseios não foi impedida e serviu como referência para o esclarecimento sobre o que é movimento específico da GR. No aparelho fita, as alunas não apresentaram movimentos que não fossem específicos da GR, talvez porque esse material não fazia parte da cultura infantil desse grupo. Observamos nas alunas uma grande satisfação ao descobrir os movimentos e empenho em responder aos questionamentos da professora.

Constatamos, em concordância com Moston e Ashworth (1986), que, para alcançar o sucesso da utilização da descoberta orientada no processo de ensino-aprendizagem da GR, foi-nos necessário: a) ter paciência para esperar as respostas, ou seja, a execução do movimento desejado; b) não executar o movimento que seria, posteriormente, descoberto pelas alunas, nem responder a ele; c) refazer algumas perguntas quando as alunas não apresentavam as respostas em sequência que as levassem à descoberta do movimento; d) acreditar na capacidade cognitiva das alunas; e) apresentar *feedback* constante; f) planejar com antecedência a sequência das etapas, utilizando várias vias sensoriais para que as alunas alcançassem o movimento desejado; g) estarmos preparados para a grande quantidade de erros na execução do movimento; h) ter bem-definidos os movimentos que se deseja alcançar; e i) escolher, de acordo com o nível de desenvolvimento motor da turma, os movimentos que serão descobertos, evitando assim a frustração das alunas e, em consequência, a desmotivação para a prática da GR.

Após a descoberta das possibilidades de execução corporal e do aparelho, passamos ao estágio de *associação* do movimento, em que as alunas visavam identificar seus próprios erros para que pudessem corrigi-los e retê-los corretamente na memória. Para essa etapa, contamos com o estilo recíproco.

Depois da primeira fase, caracterizada por mais erros que acertos, a criança tem necessidade de conhecer um modelo de resposta capaz de ajudar na realização do movimento. Ela buscará informações sobre as técnicas existentes, comunicando-se com outras pessoas e tendo como resultado uma representação mental do modelo. Isso faz que remodele as estruturas preexistentes, o que leva a uma programação consciente e inteligente durante a aprendizagem do movimento.

Nessa fase, não são as informações exteroceptivas que prevalecem, mas as provenientes do próprio corpo (proprioceptivas), que servem para programar com precisão as diferentes ações musculares e permitem atingir o movimento almejado. Ou seja, cada parte da ação motora tornar-se-á, ela mesma, o sinal que traz a sequência do movimento a ser realizado, e o controle visual passará a ser cada vez menos necessário.

O estilo recíproco teve como principal função gerar debates sobre os aspectos específicos da ação motora e buscar o entendimento do que estava sendo realizado. As alunas passaram por dois papéis: o de aluna executante e o de aluna observadora. Notamos que a função de aluna observadora, que fornecia informações imediatas para a aluna executante sobre os erros e acertos, favoreceu mais a realização do seu próprio movimento de forma consciente. Cabe ressaltar que a professora informava, quando solicitada, somente para a aluna observadora.

Essa conscientização estabelecia-se com a representação mental ou a imagem do movimento, que a aluna observadora adquiria a partir da realização da ação motora da aluna executante. Segundo Le Boulch (1987, p. 170), "é apoiando-se nesta representação mental que ela conduzirá sua própria aprendizagem e tentará levá-la a bom termo no decorrer de tentativas sucessivas".

Tais tentativas sucessivas propiciarão as regulações proprioceptivas que se "afinarão e permitirão o desenvolvimento de um movimento cada vez mais próximo da representação mental inicial" (Le Boulch, 1987). Le Boulch ainda aponta para o fato de que "quando se realiza adequação entre a imagem do movimento e as sensações cinestésicas resultantes de sua execução, pode-se dizer que o modelo foi interiorizado" (p. 170).

Lúria (1981, p. 191) afirma que a "consciência é a habilidade em avaliar as informações sensoriais, responder a elas com pensamentos e ações críticas e reter traços de memória de modo que traços ou ações passadas possam ser usados no futuro".

Além de propiciar à aluna aprendizagem motora, pudemos constatar, também, outros pontos positivos na utilização do estilo recíproco: a) inserir essa aluna no processo de socialização; b) permitir sua participação no êxito da sua colega; c) estimular a discussão com a colega e a professora sobre as dificuldades e as facilidades de execução dos movimentos; d) estimular a iniciativa de ajudar a colega na execução do movimento quando não solicitada para isso; e) aceitar outra fonte de *feedback* e informação no processo de ensino-aprendizagem além da professora; f) possibilitar à professora outro espaço para verificar o quanto sua aluna entendeu o movimento; g) permitir às alunas aceitarem uma função diferente da professora, que, em geral, estava dirigindo as correções.

Após o estágio de associação, passamos ao estágio *autônomo*, em que os movimentos passam a ser executados sem erros e com fluência. Nessa fase, os movimentos automatizados podem ser explorados automaticamente nas atividades posteriores e nas novas aprendizagens e continuam sob a vigilância cortical na medida em que a interiorização e a representação mental tenham sido os meios de sua aquisição.

Como o automatismo do movimento ocorre por meio da repetição, utilizamos nesse estágio o estilo comando, cuja finalidade é a precisão da resposta. A conduta da professora nesse estilo foi de: a) estabelecer critérios para o número de repetições dos movimentos adquiridos por meio da descoberta; b) identificar os erros e dar auxílio constante na correção dos movimentos; c) estabelecer a execução do movimento de acordo com sua solicitação de palmas e acompanhamentos musicais, ou seja, imprimindo um ritmo externo (percepção temporal) que auxiliará a fixação do movimento; e d) determinar a execução dos movimentos em relação à trajetória, à direção e ao plano.

Pudemos constatar que, embora nesse momento da aula não houvesse participação das alunas nas cadeias de decisões, elas compreenderam a importância da repetição dos movimentos sob o comando da professora com o intuito de fixá-los. Para a turma, essa metodologia era vista como um meio de reter melhor os elementos a serem escolhidos e aplicados nas atividades/tarefa propostas pela professora ao final da aula. Isso foi observado enquanto estavam buscando soluções para a resolução das tarefas, algumas delas falavam para a colega: "*Está vendo, você não quis repetir o movimento que descobrimos naquela hora, agora não sabe mais fazer*".

A repetição da ação motora não era vista como uma imposição, mas como uma necessidade de melhorar a execução do movimento descoberto no primeiro momento da aula para não comprometer a elaboração e a realização das associações e dos exercícios no grupo e com ele. É necessário que a criança consiga realizar o movimento sem erros para que possa ter prazer em dar continuidade à sua prática corporal. O erro frequente leva ao estágio de se sentir incapaz e, consequentemente, ao desinteresse pela atividade.

Após a aprendizagem de novas habilidades da GR, utilizamos o estilo divergente, que visa estimular a resolução de determinada tarefa em que se esperam múltiplas respostas. Para isso, contamos com as atividades/tarefa, ao término da aula, com a finalidade de aplicar elementos isolados e combinados entre si, descobertos e aprendidos nos primeiros momentos da aula, na elaboração e execução de pequenas associações e exercícios de conjunto.

Esse estilo de ensino adotou uma estrutura de três fases. Na primeira, era apresentada à turma a atividade/tarefa a fim de incitar a busca de respostas múltiplas. Na segunda fase, era estabelecido um tempo para a turma se dividir em grupos e buscar as múltiplas possibilidades de resolução. Por último, os grupos expressavam de maneiras diversas suas respostas ao problema, que estavam diretamente ligadas à área de conteúdo da GR.

Identificamos que o sucesso da utilização do estilo divergente no processo de ensino-aprendizagem da GR dependeu dos seguintes aspectos: a) da apresentação da atividade/tarefa pela professora, de forma clara, objetiva e de acordo com o conteúdo ensinado na aula; b) da capacidade do grupo em organizar ideias, propósito específico da tarefa; c) da segurança afetiva das alunas para irem além das respostas convencionais; d) da atenção da professora às possíveis causas de dispersão do grupo para a resolução da tarefa, por exemplo, um grau alto de complexidade na tarefa, bem como divergências de opiniões entre as componentes do grupo.

As atividades/tarefas foram além do papel de estratégia de ensino, viabilizando também o procedimento de avaliação no processo de ensino-aprendizagem da GR. É nessa perspectiva que abordamos o próximo item deste capítulo, que trata do fato de as atividades/tarefas propiciarem a produção de novos conhecimentos e, ao mesmo tempo, favorecerem a checagem do domínio desses conteúdos.

4.5 Atividade/tarefa – a relação entre metodologia e avaliação

Anteriormente, apontamos a estrutura da atividade/tarefa, bem como a dupla finalidade de procedimento de ensino e procedimento de avaliação. Ou seja, a partir das atividades/

tarefas, construímos o material de avaliação para a proposta pedagógica da GR, que possibilitou a observação integrada das ações motora, cognitiva e afetivo-social. Os dados obtidos serviram de orientação para as tomadas de decisão no processo de ensino-aprendizagem. O que pudemos constatar foi que a atividade/tarefa é o eixo norteador de toda a proposta pedagógica da GR.

Identificamos os aspectos enumerados a seguir na utilização das atividades/tarefas quanto à operacionalidade e à intervenção pedagógica. A operacionalidade diz respeito a gerenciar o desenvolvimento da atividade sem comprometer a aprendizagem da criança, e a intervenção pedagógica relaciona-se ao fato de a atividade/tarefa cumprir o papel de viabilizar a construção do conhecimento da GR.

4.5.1 Operacionalidade

a) É preciso considerar a possibilidade de alterar os indicadores da tarefa estabelecida previamente pelo professor após uma longa reflexão sobre o porquê dessas alterações e suas consequências. Esse fato coloca a perspectiva de que nenhuma tarefa apresentada está livre de alterações em relação aos seus indicadores. O importante é que essas alterações não se afastem dos objetivos que foram estabelecidos anteriormente e que sejam decididas de comum acordo com a turma e/ou grupo.

b) Deve haver flexibilidade no tempo da realização da tarefa. De acordo com a complexidade do trabalho, foi utilizada mais de uma aula para a conclusão da tarefa. Os grupos não se igualavam quanto ao tempo gasto para a solução da tarefa. Aqueles que terminavam primeiro levavam vantagem na possibilidade de aprimorarem a execução dos movimentos escolhidos para a elaboração das composições. Tal fato ocorria mesmo que a professora não estimulasse a *performance* das alunas. As alunas gostavam de repetir pela maior quantidade de vezes possível.

c) Apresentamos as tarefas verbalmente e por escrito (com ilustrações). Inicialmente, eram apresentadas verbalmente, e notamos dificuldade para a memorização dos indicadores que deveriam ser cumpridos principalmente pelo grupo que tinha em média 6 anos de idade. Tal ocorrência levou a própria turma a escrever a tarefa em um pedaço de papel. A partir daí, as tarefas foram apresentadas por escrito e com ilustrações quando necessário.

d) Foram feitas anotações espontâneas, por parte das alunas, dos elementos escolhidos para a resolução da tarefa, já que muitas vezes terminavam suas tarefas em outra aula. Tal procedimento visava ao não esquecimento do que já estava solucionado pelo grupo e permitia dar continuidade ao trabalho na aula seguinte.

e) Aplicação da atividade/tarefa no momento final da aula nem sempre era possível porque as alunas necessitavam permanecer por mais tempo que o previsto em atividades anteriores. Isso foi respeitado diversas vezes pela professora por considerar a fixação e o entendimento dos conteúdos de fundamental importância para as etapas posteriores, as quais estabeleciam maior complexidade na atividade a ser desempenhada.

4.5.2 Intervenção pedagógica

a) A atividade/tarefa favoreceu a compreensão das alunas sobre quais os elementos corporais mais adequados para combinar com a natureza dos elementos dos aparelhos e o porquê da aprendizagem de determinados elementos, que, isolados, não significavam nada para elas. Isso ocorria quando as alunas percebiam que determinados elementos corporais comprometiam a qualidade do manuseio dos aparelhos. Exemplo: quicadas rítmicas da bola durante o giro do corpo.

b) A compreensão e a utilização adequada da terminologia da GR era manifestada durante a exposição de ideias das alunas com o intuito de colaborar com o conteúdo para a realização da tarefa. Essa atitude fez que a professora identificasse o grau de conhecimento sobre o assunto.

c) Favoreceu a autoavaliação a partir do momento em que as alunas constatavam suas limitações nos aspectos motor, cognitivo e afetivo-social na resolução da tarefa.

d) Exploração de novos conhecimentos pela professora e pela turma a partir dos questionamentos apresentados durante a resolução da atividade/tarefa à medida que as alunas tentavam superar suas dificuldades e alcançar a resposta correta.

e) Um grande interesse em realizar as atividades/tarefas no decorrer do processo de ensino-aprendizagem da GR. Constatamos, a partir dos depoimentos das alunas, que esse tipo de atividade se estendia pelas horas livres.

f) Iniciativa própria do grupo para demonstrar suas soluções para outros grupos de GR, comunidade escolar e família. Apresentar o trabalho do grupo era uma ação natural e não tinha vínculo com atividades festivas.

g) O interesse em elaborar as associações e exercícios de conjunto (atividades/tarefas) fez que a turma buscasse sempre habilidades novas, possibilitando o processo criativo na GR e que considerássemos as atividades/tarefas como meio do processo criativo das alunas.

h) Favoreceu o envolvimento com a GR além das aulas, como relataram as professoras de turma da educação infantil até o 9º ano do ensino fundamental, dizendo que as meninas que frequentavam as aulas de GR durante as horas livres tentavam dar continuidade na resolução da tarefa. Isso nos leva a identificar que a atividade/tarefa se ratificava como de "natureza molar", cuja importância é assinalada por Bronfenbrenner (1996). Atividades desse tipo possuem uma estrutura de objetivo, cujos fatores significativos e intencionais estão relacionados estritamente ao grau de interesse do praticante. Numa ação de longa duração, o interesse do praticante possibilita a realização da atividade até que esta seja completada.

i) A ação pedagógica da professora não dependeu, em momento algum, da sua ação motora, ou seja, não foi necessária a demonstração de gestos motores para compor os exercícios de conjunto.

j) A utilização da atividade/tarefa como meio de avaliação das ações motora, cognitiva e afetivo-social proporcionou uma avaliação formativa que demanda cooperação, livre de testes padrões que visassem somente à seleção e à determinação de estereótipos do gesto motor na GR.

k) Houve um grande interesse das alunas em saber quais os dados anotados nas fichas de observação na medida em que se soube o porquê dessas anotações. Isso fez que melhorassem o empenho ao realizar a tarefa e apontou para um crescimento motor, cognitivo e afetivo-social. Também podemos relatar que não foi apresentado nenhum tipo de competição/concorrência no grupo ou com uma colega do próprio grupo durante o processo de ensino-aprendizagem da GR.

l) A seleção do acompanhamento musical deu-se a partir da cultura musical do grupo, possibilitando uma rica discussão sobre os ritmos e suas regionalizações, bem como quais os ritmos mais adequados para acompanhar a execução dos elementos (corporais e aparelhos) selecionados.

m) O procedimento de seleção musical favoreceu a descoberta de quando a música só cumpria o papel de "fundo musical", ou seja, quando não havia qualquer relação entre a música e o movimento.

n) A atividade/tarefa, que visou ao entendimento da ocupação espacial, propiciou que as alunas descobrissem as relações das estruturas espaço-temporais e corpo-objeto à medida que identificavam figuras no espaço demarcado para realizar a coreografia.

o) A atividade/tarefa propiciou a formação de grupo, que foi palco do crescimento psicológico das alunas enquanto seus membros resolviam os conflitos interpessoais na tentativa de buscar a coesão do grupo e a conclusão da tarefa.

Considerações finais

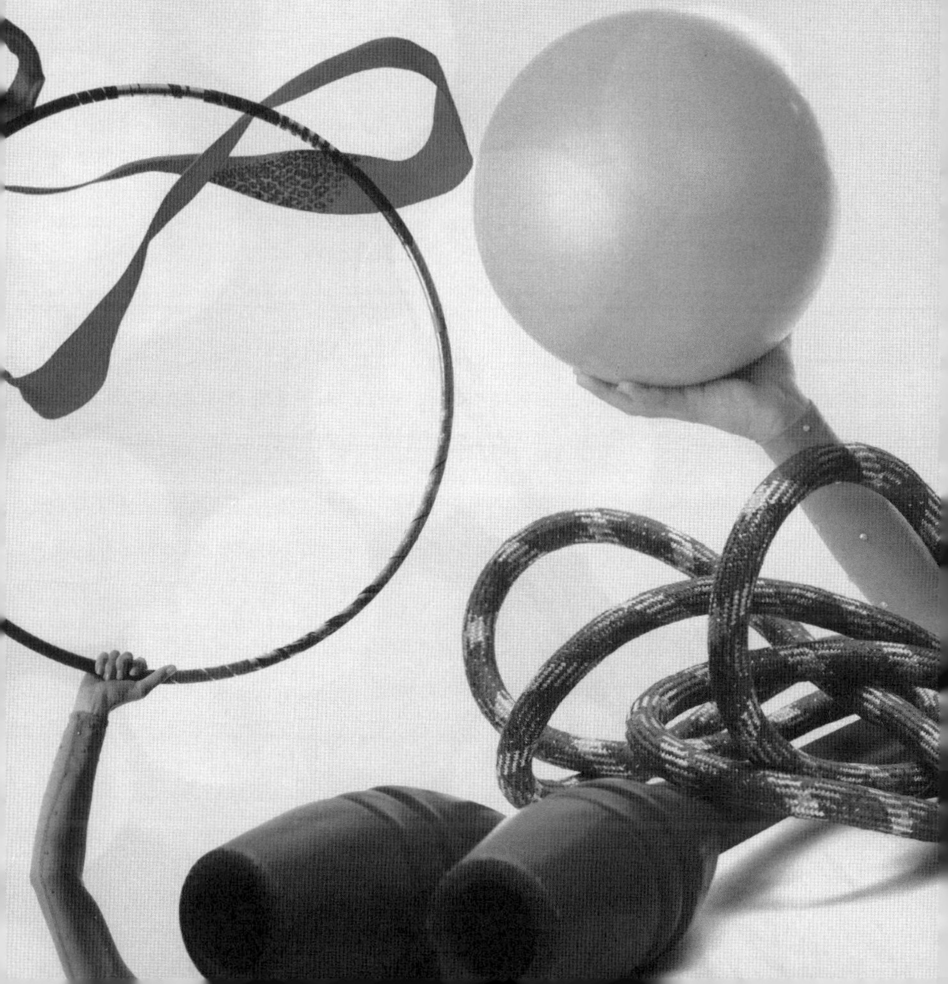

Apresentamos fatos do processo de ensino-aprendizagem da GR em que as alunas discutiam sobre as cadeias de decisões, apresentavam soluções para as dificuldades na aprendizagem da habilidade motora, sentiam prazer em apresentar as coreografias realizadas por elas e em ajudar suas colegas, ou seja, relatamos que a GR é muito mais que pernas elevadas acima de 90 graus ou que a exatidão nas trocas de aparelhos nos exercícios de conjunto, durante a *performance* em uma competição. Freire (1996, p. 49) afirma que esse tipo de pedagogia — o "fazer compreender" — "não tem a intenção de dizer o que é certo e/ou errado, mas de fazer o aluno exercitar a crítica sobre o que está realizando".

Esse movimento executado na GR não pode ser visto como uma "máquina feita de alavancas de charneiras e músculos", sob o prisma "corpo-instrumento", mas como um movimento que traduz significados da conduta do homem, isto é, "a unidade do ser só pode realizar-se no ato que ele inventa" (Le Boulch, 1987, p.13).

Ensinamos a GR de uma maneira que se diferencia da maioria; não reinventamos uma GR, uma vez que defendemos a não descaracterização da modalidade; preservamos seus materiais específicos, suas habilidades e suas provas. Concordamos com Freire (1996, p. 43) quando afirma que ensinar uma modalidade esportiva implica "necessariamente ensinar as técnicas do esporte reconhecidas socialmente e constituídas de acordo com a configuração social que constitui o esporte". É ainda esse autor quem diz que o esporte

> é fruto da convivência dos homens com suas representações simbólicas. Essas representações entre os diversos produtos construídos ao longo dos séculos constituíram as diversas formas do esporte. Os produtos simbólicos das representações humanas são o maior patrimônio da humanidade. O esporte é um deles. (p. 43)

Desse modo, pretendemos continuar preservando o patrimônio da GR para que o valor expressivo de seu movimento possua identidade gestual. Todavia, não desejamos somente uma identidade gestual mecanizada, mas que o movimento possua ritmo interiorizado, ou seja, que a aprendizagem técnica seja constituída a partir de uma prática consciente.

Pudemos observar essa prática consciente ao longo dos nossos estudos, quando as crianças se mostravam felizes, tristes, preocupadas, surpresas, solidárias, mas, sobretudo, compreensão e entendimento das ações motoras, sem medo de penalizações por seus erros e sendo autônomas e criativas em suas decisões durante o processo de ensino-aprendizagem e livres para escolherem suas "múltiplas possibilidades" da prática da GR.

Expomos o quanto a atividade/tarefa, que contém o princípio da problematização do ensino, fixou-se como diretriz pedagógica de nossa proposta. Para Kunz (1991, p. 192), "a problematização pode fomentar um processo permanente de criação e descoberta" a partir das buscas de soluções, em que o aluno "vivencia um agir de forma independente, uma cooperação e uma comunicação com o grupo e com o professor", possibilitando "saberes, experiências e conhecimentos de maior relevância para sua emancipação".

Portanto, podemos considerar alguns aspectos importantes que acreditamos ter alcançado por meio dos princípios anteriormente estabelecidos neste estudo, que visou à estruturação de uma proposta pedagógica para a GR:

- Não perpetuamos a aprendizagem da GR por meio da imitação do gesto motor do professor. A professora auxilia na compreensão da execução do movimento, especificando verbalmente uma característica técnica essencial que não tenha sido bem-percebida.

- Favorecemos a criação dos movimentos da GR a partir da cultura corporal infantil, fazendo que as alunas descobrissem novas formas de utilização dos seus brinquedos (bola, corda, arco) e dos passos de danças das brincadeiras de rodas. Pudemos constatar que tal procedimento facilitou a contextualização da cultura corporal da GR.
- O entendimento das habilidades motoras levou a turma a aumentar o interesse pelas atividades que eram propostas nas aulas, que, consequentemente, passaram a ser de "natureza molar" porque geravam "fatores significativos e intencionais nas participantes" da aula (Bronfenbrenner,1996).
- A partir do nível de complexidade das habilidades motoras da GR e da checagem dos movimentos adquiridos pelo meio social em que as crianças viviam, selecionamos e ordenamos os conteúdos da GR entre os elementos corporais e dos aparelhos que correspondem às habilidades básicas. Esse procedimento foi de fundamental importância na medida em que tais habilidades foram executadas com segurança, não geraram frustrações na apren-

dizagem e estimularam para se tentar, sempre, produzir novas habilidades da GR.

- O procedimento de avaliação adotado proporcionou à criança progresso na aprendizagem sob os aspectos motor, cognitivo e afetivo-social, pois as ações presentes durante o empenho em resolver as tarefas eram observadas e analisadas pelas crianças e pela professora. Isso se comprova, como apresentado anteriormente, pelo envolvimento das alunas em decidir com a professora os indicadores das ações motoras executados com e sem dificuldade, bem como as soluções das atividades/tarefas que permeavam as questões cognitivas e afetivo-sociais. Em consequência, as alunas puderam ser observadas em sua totalidade, como a compreendemos nesse processo da aprendizagem da GR, e a ação motora dispôs "de um corpo e objetos em certo tempo e em certo espaço, animados pela afetividade e controlados pela inteligência" (Freire, 1996). A avaliação por nós apresentada integra o ambiente em que ocorre a aprendizagem: a aula. Não existe um dia específico para avaliar; a aula passa a ser uma excelente maneira de se aprender, e tanto professora como alunas estão sempre avaliando. A avaliação era vista com alegria e considerada uma aliada na aprendizagem da habilidade motora, e não como punição, comparação e seleção. Estimulamos seu crescimento e amadurecimento sob os aspectos motor, cognitivo e afetivo-social e por meio de observações, auxiliando as alunas a identificar suas potencialidades e dificuldades, oferecendo sugestões sobre o que melhorar, apontando hábitos produtivos e improdutivos e viabilizando que sua atenção se volte à ação praticada, despertando assim um maior grau de consciência dessa ação.

- Os estilos de ensino aplicados em cada fase da aprendizagem das habilidades motoras da GR foram percebidos pelas alunas quanto à sua função e papel. O estilo recíproco passou a ser usado de forma espontânea, quando a aluna apresentava dificuldade na execução da habilidade, ou seja, quando não havia ultrapassado a fase exploratória do movimento. O estilo divergente estimulou a criatividade delas, levando-as a pedir, quase em todas as aulas, um espaço para o processo de "criação das coreografias" (de acordo com as palavras delas).
- As apresentações realizadas ao final do processo, para os familiares e a comunidade, possuíam caráter de exposição dos trabalhos realizados pelas alunas durante as aulas. Não havia o constrangimento do erro nem a formalidade das apresentações que costumam ocorrer nos festivais de GR; era um es-

paço no qual professora e alunas explicavam suas "obras", orgulhosas do que haviam alcançado.

Este trabalho nos faz acreditar que alcançamos uma proposta pedagógica da GR que poderá ser alcançada por todos, pois demonstramos que é possível ensiná-la buscando seu entendimento como modalidade esportiva e indo além do gesto técnico, acrescentando a este a compreensão a respeito da própria ação. Segundo Freire (1996, p. 48), a criança, quando de posse da compreensão, "pode se libertar das amarras da situação específica em que ocorreu a aprendizagem e dispor de seu conhecimento livremente para utilizá-lo de acordo com suas decisões".

Referências

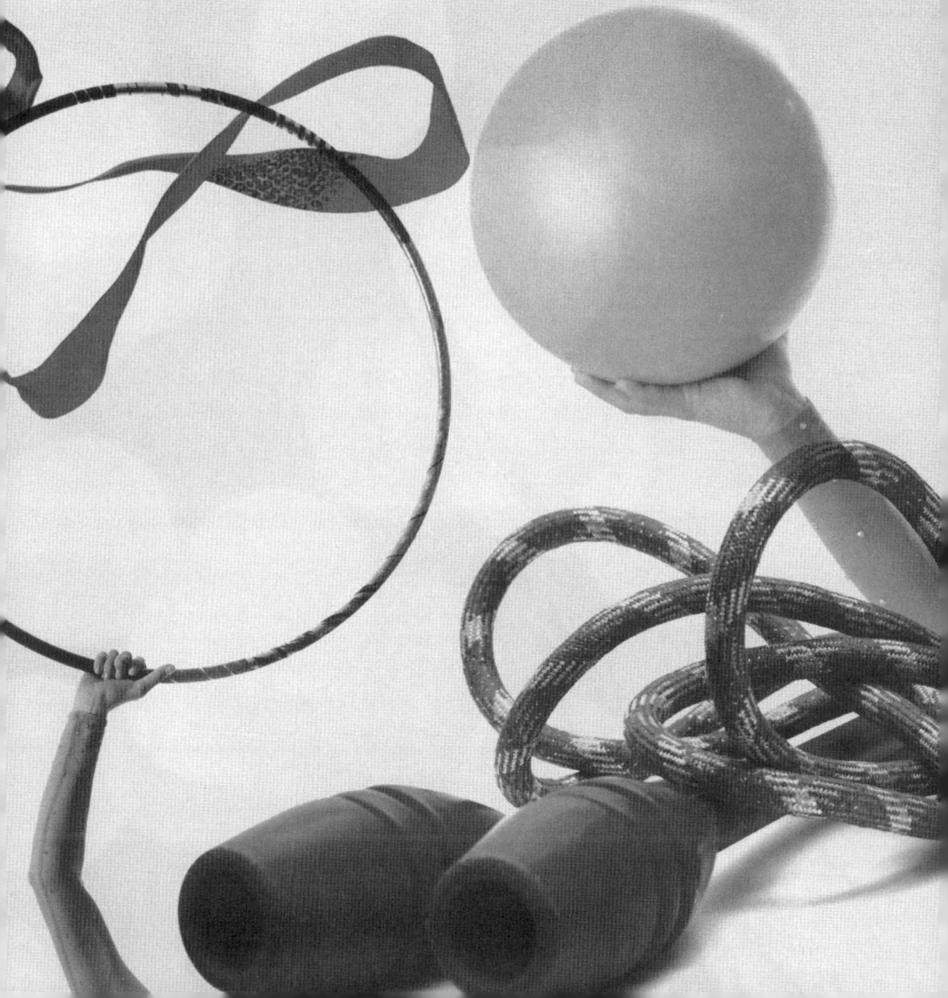

ALONSO, H. A. G. *Do cognitivo ao fazer pedagógico*: uma proposta de avaliação do futuro docente em ginástica rítmica desportiva. 1990. 126 f. Dissertação (Mestrado)–Escola de Educação Física e Desportos, Univeridade Federal do Rio de Janeiro, Rio de Janeiro, 1990.

______. *Ginástica rítmica*: construindo uma metodologia. 2000. 151 f. Tese (Doutorado)–Faculdade de Educação Física, Universidade Estadual de Campinas, São Paulo, 2000.

Alonso, H. A. G.; CRAUSE, I. Ginástica rítmica. In: COSTA, L. (Org.) *Atlas do esporte no Brasil*: atlas do esporte, educação física e atividades físicas de saúde e lazer no Brasil. Rio de Janeiro: Shape, 2005. p. 220.

AYOUB, E. *Ginástica geral e educação física escolar*. Campinas: Editora Unicamp, 2003.

BARROS, D.; NEDIALCOVA, G. *ABC da ginástica.* Rio de Janeiro: Grupo Palestra Sport, 1999a.

______. *Os primeiros passos da ginástica rítmica*. Rio de Janeiro: Grupo Palestra Sport, 1999b.

BATISTA, J. C. F; GAIO, R. (Org.). *A ginástica em questão*: corpo e movimento. Ribeirão Preto: Tec Medd, 2006.

BODE, R. *Rhythmische Gymnastik*. Frankfurt: Wilhelm Limpert-Verlag, 1957.

BRANDÃO, R. F. *Equipe nacional de voleibol masculino:* um perfil sócio-psicológico à luz da ecologia do desenvolvimento humano. 1996. 157 f. Dissertação (Mestrado)–Faculdade de Educação Física, Universidade Federal de Santa Maria, Santa Maria, 1996.

BRONFENBRENNER, U. *A ecologia do desenvolvimento humano*: experimentos naturais e planejados. Porto Alegre: Artes Médicas, 1996.

______. *Making Human Beings Human*: Bioecological Perspectives on Human Development. Califórnia: Autor, 2005.

COLETIVO DE AUTORES. *Metodologia do ensino de educação física*. São Paulo: Cortez, 1992.

COPPETI, F. *Estudo exploratório dos atributos pessoais dos tenistas*. 2001. 233 f. Tese (Doutorado)–Programa de Pós-Graduação em Ciência do Movimento Humano, Universidade Federal de Santa Maria, Santa Maria, 2001.

CRAUSE, I. *Ginástica rítmica desportiva*: um estudo sobre a relevância da preparação técnica de base na formação da ginasta. 1985. 149 f. Dissertação (Mestrado)–Escola de Educação Física e Desportos, Universidade Federal do Rio de Janeiro, Rio de Janeiro, 1985.

D'ANTOLA, A. *A observação na avaliação escolar*. São Paulo: Loyola, 1981.

DARIDO, S.; RANGEL, I. (Org.). *Educação física na escola*: implicações para a prática pedagógica. Rio de Janeiro: Guanabara Koogan, 2005.

DE MARCO, A. Esporte educacional: uma análise do desenvolvimento humano. In: CONGRESSO LATINO AMERICANO DE EDUCAÇÃO MOTORA, 1, e CONGRESSO BRASILEIRO DE EDUCAÇÃO MOTORA, 2., 1988, Foz do Iguaçu. *Anais...* Campinas: Editora Unicamp, 1998. p. 99-105.

ESCOLA OGA MITA. *Proposta pedagógica.* Rio de Janeiro: s.e, [s.d]. Mimeografado.

FALCÃO, L. *Relato de experiência da prática pedagógica das disciplinas GR II e GRIII*, 2007. 40 f. Trabalho de Conclusão de Curso (Graduação em Educação Física)–Curso de Educação Física, Escola de Educação Física e Desportos, Universidade Federal do Rio de Janeiro, 2007.

FARINAT, P. *Criança e atividade física*. Rio de Janeiro: Sprint, 1995.

FERREIRA, V. L. C. *Prática da educação física no 1º grau*: modelo de reprodução ou perspectiva de transformação. São Paulo: Ibrasa, 1984.

FEDERAÇÃO INTERNACIONAL DE GINÁSTICA (FIG). *Código de pontuação de ginástica rítmica 2009-2012*. Rio de Janeiro: Federação de Ginástica do Estado do Rio de Janeiro, 2009. Disponível em: <http://www.fig-gymnastics.com>. Acesso em: 12 jun. 2009.

FITTS, P. M.; POSNER, M. I. *Human Performance*. Belmont, California: Brooks Cole, 1967.

FREIRE, J. B. *Educação de corpo inteiro*: teoria e prática da educação física. São Paulo: Scipione, 1989.

______. Pedagogia do esporte. In: CONGRESSO LATINO-AMERICANO DE ESPORTE, EDUCAÇÃO E SAÚDE NO MOVIMENTO HUMANO, 3, 1996, Foz de Iguaçu. *Coletânea*... Foz do Iguaçu: Gráfica Universitária, 1996. p. 38-49.

GADOTTI, M. *Pedagogia da práxis*. São Paulo: Cortez, 1995.

GAIO, R. *Ginástica rítmica desportiva popular*: uma proposta educacional. 2. ed. Jundiaí: Fontoura, 2007.

______. (Org.) *Ginástica rítmica*: da iniciação ao alto nível. Jundiaí: Fontoura, 2008.

GALLAHUE, D.; OZMUN, J. *Compreendendo o desenvolvimento motor*: bebês, crianças, adolescentes e adultos. 3. ed. São Paulo: Phorte, 2005.

GALLAHUE, D.; DONNELLY, F. *Educação física desenvolvimentista para todas as crianças*. 4. ed. São Paulo: Phorte, 2008.

GALLARDO, J. S. P. *Educação física*: contribuições à formação profissional. 2. ed. Ijuí: Editora Unijuí,1997.

_____. *Educação física escolar*: do berçário ao ensino médio. Rio de Janeiro: Lucerna, 2003.

GARDNER, H. *Inteligências múltiplas*: a teoria na prática. Porto Alegre: Artes Médicas, 1995.

_____. *Estruturas da mente*: a teoria das inteligências múltiplas. Porto Alegre: Artes Médicas, 1994.

GO, Tani (Org.). *Comportamento motor*: aprendizagem e desenvolvimento. Rio de Janeiro: Guanabara Koogan, 2005.

HILDEBRANDT, R; LAGING, R. *Concepções abertas no ensino da educação física*. Rio de Janeiro: Ao Livro Técnico, 1986.

KREBS, R. J. *Desenvolvimento humano*: teorias e estudos. Santa Maria: Casa Editorial, 1995.

KREBS, R. J.; FERREIRA NETO. C. A. (Org.). *Tópicos em desenvolvimento motor na infância e adolescência*. Rio de Janeiro: LECSU, 2007.

KUNZ, E. *Educação física*: ensino e mudanças. Ijuí: Editora Unijuí, 1991.

_____. *Transformação didático-pedagógica do esporte*. Ijuí: Editora Unijuí, 1994.

KUNZ, E.; SOUZA, M. Unidade didática I: atletismo. In: KUNZ, E. (Org.) *Didática da Educação Física I*. Ijuí: Editora Unijuí, 2001. p. 19-54.

LAFFRANCHI, B. *Treinamento aplicado à ginástica rítmica.* Londrina: Editora UNOPAR, 2001.

LANGLADE, A.; LANGLADE, N. R. *Teoria general de la gimnasia*. Buenos Aires: Stadium, 1970.

LE BOULCH, J. *A educação pelo movimento*: a psicocinética na idade escolar. Porto Alegre: Artes Médicas, 1985.

______. *Rumo a uma ciência do movimento humano*. Porto Alegre: Artes Médicas, 1987.

______. *O corpo na escola no século XXI*: práticas corporais. São Paulo: Phorte, 2008.

LÚRIA, A. *Fundamentos de neuropsicologia*. São Paulo: EDUSP, 1981.

MACHADO, Â. *Neuroanatomia funcional*. São Paulo: EDUSP, 1980.

MAGILL, R. *Aprendizagem motora*: conceitos e aplicações. São Paulo: Edgard Blücher, 1984.

MARINHO, I. P. *Ginástica feminina moderna*: origens e fundamentos. Rio de Janeiro: Tupy, 1956.

MARTINS, S. *Ginástica rítmica desportiva*: aprendendo passo a passo. Rio de Janeiro: Shape, 2000.

MOSTON, M.; ASHWORTH, S. *Teaching physical education*. Ohio: Merril Publishing Company, 1986.

NEIRA, M. *Educação física:* desenvolvendo competências. 2. ed. São Paulo: Phorte, 2006.

PAES, R. R. *Educação física escolar:* o esporte como conteúdo pedagógico do ensino fundamental. 1996. 198 f. Tese (Doutorado)–Faculdade de Educação, Universidade Estadual de Campinas, Campinas, 1996.

RÓBEVA, N.; RANKÉVOLA, M. *Escola de campeãs*: ginástica rítmica desportiva. São Paulo: Ícone, 1991.

SCHMID, B. *La gimnasia ritmica deportiva*. Barcelona: Hispano Europea, 1985.

SCHMIDT, R. A.; WRISBERG, C. A. *Aprendizagem e performance motora*: uma abordagem da aprendizagem baseada no problema. 2. ed. Porto Alegre: Artmed, 2001.

TIBEAU, C. C. *Ensino da ginástica rítmica desportiva pelo método global*. 1988. 106 f. Dissertação (Mestrado)–Faculdade de Educação Física, Universidade Estadual de São Paulo, São Paulo, 1988.

ZABALA, A. *A prática educativa*: como ensinar. Porto Alegre: Artmed, 1998.

Bibliografia indicada

Capítulo 1

ALONSO, H. A. G. *Ginástica rítmica*: construindo uma metodologia. 2000. 151 f. Tese (Doutorado)–Faculdade de Educação Física, Universidade Estadual de Campinas, São Paulo, 2000.

ALONSO, H. A. G.; CRAUSE, I. Ginástica rítmica. In: COSTA, L. (Org.) *Atlas do esporte no Brasil*: atlas do esporte, educação física e atividades físicas de saúde e lazer no Brasil. Rio de Janeiro: Shape, 2005. p. 220.

CRAUSE, I. *Ginástica rítmica desportiva*: um estudo sobre a relevância da preparação técnica de base na formação da ginasta. 1985. 149 f. Dissertação (Mestrado)–Escola de Educação Física e Desportos, Universidade Federal do Rio de Janeiro, Rio de Janeiro, 1985.

LANGLADE, A.; LANGLADE, N. R. *Teoria general de la gimnasia*. Buenos Aires: Stadium, 1970.

MARINHO, I. P. *Ginástica feminina moderna*: origens e fundamentos. Rio de Janeiro: Tupy, 1956.

SCHMID, B. *A gimnasia ritmica deportiva*. Barcelona: Hispano Europea, 1985.

Capítulo 2

COPETTI, F. *Estudo exploratório dos atributos pessoais dos tenistas*. 2001. 233 f. Tese (Doutorado) – Programa de Pós-Graduação em Ciência do Movimento Humano, Universidade Federal de Santa Maria, Rio Grande do Sul, 2001.

BRONFENBRENNER, U. *A ecologia do desenvolvimento humano*: experimentos naturais e planejados. Porto Alegre: Artes Médicas, 1996.

______. *Making human beings human*: bioecological perspectives on human development. California: Urie Bronfenbrenner, 2005.

GALLAHUE, D.; OZMUN, J. *Compreendendo o desenvolvimento motor*: bebês, crianças, adolescentes e adultos. São Paulo: Phorte, 2001.

______. *Compreendendo o desenvolvimento motor:* bebês, crianças, adolescentes e adultos. 3. ed. São Paulo: Phorte, 2005.

GALLAHUE, D.; DONNELLY, F. *Educação física desenvolvimentista para todas as crianças*. 4. ed. São Paulo: Phorte, 2008.

KREBS, Ruy J. *Desenvolvimento humano*: teorias e estudos. Santa Maria: Casa Editorial, 1995.

KREBS R. J.; FERREIRA NETO, C. A. (Org.). *Tópicos em desenvolvimento motor na infância e adolescência*. Rio de Janeiro: LECSU, 2007.

LE BOULCH, J. *A educação pelo movimento*: a psicocinética na idade escolar. Porto Alegre: Artes Médicas, 1985.

______. *Rumo a uma ciência do movimento humano*. Porto Alegre: Artes Médicas, 1987.

______. *O corpo na escola no século XXI*: práticas corporais. São Paulo: Phorte, 2008.

Capítulo 3

COLETIVO DE AUTORES. *Metodologia do ensino de educação física*. São Paulo: Cortez, 1992.

DARIDO, S.; RANGEL, I. (Org.). *Educação física na escola*: implicações para a prática pedagógica. Rio de Janeiro: Guanabara Koogan, 2005.

FERREIRA, V. L. C. *Prática da educação física no 1º grau*: modelo de reprodução ou perspectiva de transformação. São Paulo: Ibrasa, 1984.

FREIRE, J. B. *Educação de corpo inteiro:* teoria e prática da educação física. São Paulo: Scipione, 1989.

GADOTTI, M. *Pedagogia da práxis*. São Paulo: Cortez, 1995.

GALLAHUE, D.; DONNELLY, F. *Educação física desenvolvimentista para todas as crianças*. 4. ed. São Paulo: Phorte, 2008.

HILDEBRANDT, R.; LAGING, R. *Concepções abertas no ensino da educação física*. Rio de Janeiro: Ao Livro Técnico, 1986.

Capítulo 4

AYOUB, E. *Ginástica geral e educação física escolar*. Campinas: Editora Unicamp, 2003.

BARROS, D.; NEDIALCOVA, G. *ABC da ginástica*. Rio de Janeiro: Grupo Palestra Sport, 1999a.

______. *Os primeiros passos da ginástica rítmica*. Rio de Janeiro: Grupo Palestra Sport, 1999b.

BATISTA, J. C. F; GAIO, R. (Org.). *A ginástica em questão*: corpo e movimento. Ribeirão Preto: Tec Medd, 2006.

BRONFENBRENNER, U. *A ecologia do desenvolvimento humano*: experimentos naturais e planejados. Porto Alegre: Artes Médicas, 1996.

BRONFENBRENNER, U. *Making human beings human*: bioecological perspectives on human development. California: Urie Bronfenbrenner, 2005.

DARIDO, S.; RANGEL, I. (Org.). *Educação física na escola*: implicações para a prática pedagógica. Rio de Janeiro: Guanabara Koogan, 2005.

D'ANTOLA, A. *A observação na avaliação escolar*. São Paulo: Loyola, 1981.

DE MARCO, A. Esporte educacional: uma análise do desenvolvimento humano. In: Congresso Latino-Americano de Educação Motora, 1, e Congresso Brasileiro de Educação Motora, 2, 1988, Foz do Iguaçu. *Anais...* Campinas: Editora Unicamp, 1998. p. 99-105.

FARINAT, Paulo. *Criança e atividade física*. Rio de Janeiro: Sprint,1995.

FEDERAÇÃO INTERNACIONAL DE GINÁSTICA (FIG). *Código de pontuação de ginástica rítmica 2009-2012*. Rio de Janeiro: Federação de Ginástica do Estado do Rio de Janeiro, 2009. Disponível em: <http://www.fig-gymnastics.com>. Acesso em: 12 jun. 2009.

GAIO, R. *Ginástica rítmica desportiva popular*: uma proposta educacional. 2. ed. Jundiaí: Fontoura, 2007.

______. (Org.). *Ginástica rítmica*: da iniciação ao alto nível. Jundiaí: Fontoura, 2008.

GALLAHUE, D.; DONNELLY, F. *Educação física desenvolvimentista para todas as crianças*. 4. ed. São Paulo: Phorte, 2008.

GALLARDO, J. S. P. *Educação física*: contribuições à formação profissional. 2. ed. Ijuí: Editora Unijuí, 1997.

______. *Educação física escolar*: do berçário ao ensino médio. Rio de Janeiro: Lucerna, 2003.

GARDNER, H. *Inteligências múltiplas*: a teoria na prática. Porto Alegre: Artes Médicas, 1995.

Go, T. (Org.). *Comportamento motor*: aprendizagem e desenvolvimento. Rio de Janeiro: Guanabara Koogan, 2005.

Laffranchi, B. *Treinamento aplicado à ginástica rítmica*. Londrina: Editora UNOPAR, 2001.

Magill, R. *Aprendizagem motora*: conceitos e aplicações. São Paulo: Edgard Blücher, 1984.

Martins, S. *Ginástica rítmica desportiva*: aprendendo passo a passo. Rio de Janeiro: Shape, 2000.

Neira, M. *Educação física:* desenvolvendo competências. 2. ed. São Paulo: Phorte, 2006.

Róbeva, N.; Rankévola, M. *Escola de campeãs*: ginástica rítmica desportiva. São Paulo: Ícone, 1991.

Schmid, B. *La gimnasia ritmica deportiva*. Barcelona: Hispano Europea, 1985.

Schmidt, R. A.; Wrisberg, C. A. *Aprendizagem e performance motora*: uma abordagem da aprendizagem baseada no problema. 2. ed. Porto Alegre: Artmed, 2001.

Zabala, A. *A prática educativa*: como ensinar. Porto Alegre: Artmed, 1998.

Anexos

Anexo 1

Avaliação Somativa
Especificação de Teste

Descrição geral

A aluna deve elaborar uma sequência individual de elementos dos movimentos corporais combinados aos elementos do aparelho bola, em uma composição de 50 segundos a 1 minuto.

Amostra do item

Elabore e demonstre uma sequência lógica de elementos corporais combinados aos elementos do aparelho bola numa composição com os seguintes indicadores:

- Um estímulo musical com a seguinte estrutura rítmica: (1) andamento de acordo com a velocidade de execução dos movimentos (lento, moderado e rápido); (2) frases musicais de 16 tempos ou de 8 tempos; (3) intensidade do som: fraco e forte.
- Música com um ou dois instrumentos ou orquestrada.
- Pelo menos uma vez, os elementos do movimento corporal: primeiro saltito, segundo saltito, salto passo-pulo, salto tesoura, salto "cadete", salto polka, andar molejado, andar valsado, andar cruzado, giros, *pivot*, flexão de tronco, equilíbrio sobre os pés, balanceamento e circundução dos braços, combinados aos elementos fundamentais da bola, como lançar e recuperar a bola com as duas mãos, com uma das mãos; quicar a bola com uma das mãos e rolar a bola sobre o solo e sobre parte do corpo.
- Variação dos movimentos em relação ao espaço corporal (planos frontal, sagital e horizontal) e ao espaço geral (para frente, para trás, para os lados, linha reta, linha curva, nível alto, nível médio e nível baixo).
- Posição inicial.
- Posição final.

Atributos do estímulo

O item consiste de uma ficha de observação com os aspectos indispensáveis dos indicadores das seguintes sub-

-habilidades: (1) associação dos elementos corporais combinados aos elementos fundamentais do aparelho bola; (2) estímulo musical; (3) domínio espacial.

Atributos da Resposta

A ficha de observação foi construída somente para assinalar a presença ou não dos indicadores estabelecidos.

O item será considerado correto se a aluna apresentar na sequência todos os indicadores estabelecidos.

A aluna deverá apresentar a sequência dos elementos corporais combinados aos elementos do aparelho bola.

A combinação dos elementos corporais com elementos do aparelho bola deverá ser elaborada pela aluna. Somente os elementos que deverão ser utilizados para tais combinações é que são estabelecidos pelo professor.

Ficha para avaliação somativa

HABILIDADE: sequência de elementos corporais combinados aos elementos fundamentais do aparelho bola em uma composição de 50 segundos a 1 minuto.

INSTRUÇÃO: assinale com (S) a presença ou (N) a ausência dos indicadores que deverão constar na sequência apresentada pela aluna.

SUB-HABILIDADES / INDICADORES	SIM	NÃO
1. ESTÍMULO MUSICAL		
A. Andamento		
Lento		
Moderado		
Rápido		
B. Frases musicais de 16 tempos ou Meia frase de 8 tempos		
C. Intensidade: fraca e forte		
2. ELEMENTOS DO MOVIMENTO CORPORAL		
Primeiro saltito		
Segundo saltito		
Salto passo-pulo		
Salto tesoura		
Salto cadete		
Salto polca		
Giro e/ou *pivot*		
Balanceamento e circundução dos braços		
Equilíbrio sobre os pés		
Flexão do tronco		
Andar molejado		

Andar cruzado			
Andar valsado			
3. ELEMENTOS FUNDAMENTAIS DA BOLA			
Lançar e recuperar com as duas mãos			
Lançar e recuperar com uma das mãos			
Quicar a bola com uma das mãos			
Rolar a bola sobre o solo			
Rolar a bola sobre uma parte do corpo			
4. VARIAÇÕES DOS MOVIMENTOS EM RELAÇÃO A:			
A. PLANO			
Frontal			
Sagital			
Horizontal			
B. ESPAÇO GERAL			
Para a frente			
Para trás			
Para os lados			
Linha reta			
Linha curva			
C. NÍVEIS DE EXECUÇÃO			
Alto			
Médio			
Baixo			
5. POSIÇÃO INICIAL			
6. POSIÇÃO FINAL			
7. DURAÇÃO DE 50 SEGUNDOS A 1 MINUTO			

Fichas para avaliação formativa

PRIMEIRA SUB-HABILIDADE: grupo de elementos de movimentos corporais

OBJETIVO: identificar os grupos de elementos corporais.

ITEM: fazer uma associação que deverá conter, no mínimo, os seguintes elementos corporais: (a) movimentos com deslocamentos: andar cruzado, andar valsado, primeiro saltito, segundo saltito, salto passo-pulo, salto cadete, salto polca, salto tesoura, salto grupado; (b) movimentos sem deslocamentos: balanceamento e circundução dos braços, flexão do tronco, giro, *pivot*, equilíbrio; (c) movimentos no solo: sentada e deitada.

Indicadores a serem considerados na observação:

- A ordem dos elementos na associação fica a critério da aluna.
- Poderá conter mais elementos do que o mínimo estabelecido.

Ficha para avaliação formativa

PRIMEIRA SUB-HABILIDADE: grupo de elementos corporais.

INSTRUÇÃO: assinale com (S) a presença ou (N) a ausência dos elementos que deverão constar na associação apresentada pela aluna.

Elementos	A. Movimentos com deslocamento									B. Movimentos sem deslocamento					C. Movimentos do solo	
Alunas	Andar cruzado	Andar valsado	1.0 Saltito	2.0 Saltito	Salto passo-pulo	Salto cadete	Salto polka	Salto tesouro	Salto grupado	Equilíbrio sobre os pés	Balancear e circundar os braços	Flexão do tronco	Giro	*Pivot*	Deitada	Sentada

SEGUNDA SUB-HABILIDADE: grupo de elementos fundamentais do aparelho bola.
OBJETIVO: identificar o grupo de elementos fundamentais do aparelho bola.
ITEM: fazer uma associação em que constem os seguintes elementos fundamentais do aparelho bola:

- Lançar e recuperar a bola com as duas mãos.
- Lançar e recuperar a bola com uma das mãos.
- Rolar a bola sobre uma parte do corpo.
- Rolar a bola sobre o solo.
- Quicar a bola com uma das mãos.

Indicadores a serem considerados na observação

- A ordem dos elementos fica a critério da aluna.
- Só será observada a presença dos elementos do aparelho bola. Os elementos corporais, neste momento, não têm relevância.

Ficha para avaliação formativa

SEGUNDA SUB-HABILIDADE: grupo de elementos fundamentais do aparelho bola.

INSTRUÇÃO: assinale com (S) a presença ou (N) a ausência dos elementos que deverão constar na associação apresentada pela aluna.

Elementos / Alunas	Lançar e recuperar a bola coma as duas mãos			Lançar e recuperar a bola com uma das mãos			Rolar a bola sobre uma parte docorpo			Rolar a bola sobre o solo			Quicar a bola com uma das mãos		

TERCEIRA SUB-HABILIDADE: associação dos elementos corporais combinados aos elementos fundamentais do aparelho bola.

OBJETIVO: associar os elementos corporais combinados aos elementos fundamentais do aparelho bola.

ITEM: fazer uma associação em que constem os seguintes elementos corporais combinados aos elementos do aparelho bola:

Quicadas ativas da bola com: corrida; andar cruzado; andar molejado; com o *pivot*

- Lançar e recuperar a bola com: saltito, salto, andar natural, com giro, com flexão de tronco.
- Rolar a bola sobre o solo e saltitar por cima da mesma.
- Rolar a bola sobre uma parte do corpo em equilíbrio sobre os pés.

Indicadores a serem considerados na observação:

- A ordem das combinações fica a critério da aluna.
- Está valendo qualquer forma de executar o quicar, lançar e rolar a bola e os elementos corporais dentro da característica da GRD determinada pelo código de pontuação.
- Essas combinações foram dadas como um padrão mínimo, podendo ser apresentadas outras formas

de combinar os elementos corporais com os elementos fundamentais do aparelho bola.

Ficha para avaliação formativa

TERCEIRA SUB-HABILIDADE: associação dos elementos corporais combinados aos elementos fundamentais do aparelho bola.

INSTRUÇÃO: assinale com (S) a presença ou (N) a ausência dos elementos que deverão constar na associação apresentada pela aluna.

Elementos / Alunas	Quicadas ativas				Lançar e recuperar					Rolar		
	Andando cruzado	Correndo	Andando molejado	Com *pivot*	Saltando	Saltitando	Andando natural	Com giro	Com flexão do tronco	No solo e saltitar por cima da bola	Em uma parte do corpo	Em equilíbrio sobre os pés

QUARTA SUB-HABILIDADE: estímulo musical.

OBJETIVO: escolher um acompanhamento musical com a seguinte estrutura rítmica:

- Andamento: lento, moderado, rápido.
- Frases musicais: 16 tempos ou 8 tempos.
- Intensidade do som: fraco e forte.

ITEM: escolha um acompanhamento musical de 64 tempos para uma sequência individual de elementos corporais com a seguinte estrutura rítmica:

- Andamento: lento, moderado, rápido.
- Frases musicais: 16 tempos ou 8 tempos.
- Intensidade do som: fraco ou forte.

Indicadores a serem considerados na observação:

A música poderá ser com 1 ou 2 instrumentos ou orquestrada.

Ficha para avaliação formativa

QUARTA SUB-HABILIDADE: estímulo musical.

INSTRUÇÃO: assinale com (S) a presença ou (N) a ausência dos componentes que deverão constar do estímulo musical.

Componentes / Alunas	Acompanhamento musical						
	Andamento de acordo com a velocidade de execução dos movimentos			Frases musicais (tempo)		Intensidade	
	Lento	Moderado	Rápido	16	Meia (8)	Fraco	Forte

QUINTA SUB-HABILIDADE: domínio espacial.

OBJETIVO: demonstrar variações nos movimentos em relação ao espaço corporal (planos frontal, sagital e horizontal) e ao espaço geral (frente, trás, para os lados, linha reta, linha curva, nível alto, nível médio, nível baixo).

ITEM: fazer uma associação de elementos corporais combinados em relação ao espaço corporal (planos frontal, sagital e horizontal) e ao espaço geral (frente, trás, para os lados, linha reta, linha curva, nível alto, nível médio, nível baixo).

INDICADORES A SEREM CONSIDERADOS NA OBSERVAÇÃO: essas variações estão relacionadas somente à movimentação corporal.

Ficha para avaliação formativa

QUINTA SUB-HABILIDADE: assinale com (S) a presença ou (N) a ausência das variações dos movimentos em relação ao espaço corporal e ao espaço geral que deverão constar na associação de elementos corporais combinados aos elementos do aparelho bola.

Domínio / Alunas	Espaço Corporal			Espaço Geral							
	Plano frontal	Plano	Plano horizontal	Direções			Trajetórias		Niveis de execução		
				Frente	Trás	Lados	Reta	Curva	Alto	Médio	Baixo

Anexo 2

Ficha de registro da observação do comportamento social

Data___/___/___ Horário de __________ a __________

Escola______________________Classe________________

1. Fala dirigindo-se ao grupo.		
2. Fala com um ou mais colegas sem se dirigir ao grupo todo (conversa paralela).		
3. Fala com alguém de outro grupo.		
4. O grupo faz uma pausa. Todos ficam calados.		
5. Chama o Professor.		
6. Levanta: A. fica em pé no seu próprio grupo; B. dirige-se a outro grupo; C. passeia pela sala; D. sai da sala; E. vai falar com o professor.		
7. Levanta a mão para pedir a palavra.		
8. Cede a palavra quando esta é pedida.		
9. Fala junto com o colega.		
10. Interrompe o colega quando está falando.		
11. Completa o que o colega está falando.		
12. Não responde quando solicitado.		
13. Pede a opinião do colega.		
14. Auxilia o colega.		
15. Elogia o colega.		
16. Pede auxílio ao colega.		
17. Aceita auxílio do colega.		

Continua

Continuação

18. Usa verbos na 1ª pessoa do plural.		
19. Esforça-se para que o trabalho se realize em grupo.		
20. Acusa o colega.		
21. Ri das faltas cometidas pelo colega.		
22. Não aceita auxílio do colega.		
23. Não cede Quando suas idéias estão em desacordo com as da maioria.		
24. Após o grupo instalado começa a trabalhar imediatamente.		
25. Executa as tarefas que o grupo lhe pede.		
26. Coloca-se a disposição do grupo para realizar alguma tarefa.		
27. Pergunta o que deve fazer.		
28. Precisa de solicitação do professor para começar a trabalhar.		
29. Não executa as tarefas que o grupo lhe pede.		
30. Realiza um trabalho diferente das tarefas do grupo.		
31. Não obedece às regras estabelecidas pelo grupo.		
32. Empresta seu material ao colega.		
33. Não tem todo o material para executar o trabalho.		
34. Não empresta seu material ao colega.		
35. Mexe no material do colega sem permissão.		
36. Concorda com as decisões do grupo.		
37. Discorda das decisões do grupo.		
38. Concorda Quando é avaliado pelo grupo.		
39. Discorda Quando é avaliado pelo grupo.		
40. Corrige o colega.		
41. Critica o colega.		
42. Expõe ao grupo seus conhecimentos sobre o assunto.		
43. Sintetiza as idéias do grupo.		
44. Dá sugestões.		
45. Propõe soluções.		
46. Age para resolver problemas.		
47. Dá avisos.		

Continua

Continuação

48. Determina tarefas.		
49. Determina papéis.		
50. Dá ordens.		
51. Decide pelo grupo.		
52. Chama a atenção do grupo quando sai do assunto proposto.		
53. Anota como o trabalho se desenvolveu.		
54. Relata para a classe ou para outros grupos as conclusões do seu grupo.		
55. Alerta os elementos do grupo em relação ao tempo necessário para executar o trabalho.		
56. Pergunta se todos têm o material necessário para a executar o trabalho.		
57. Aparta as brigas e discussões (conciliador).		
58. Toca o colega.		
59. Abraça o colega.		
60. Beija o colega.		
61. Belisca o colega.		
62. Empurra o colega.		
63. Chuta o colega.		
64. Bate no colega.		
65. Xinga o colega.		
66. Grita com o colega.		
67. Sorri.		
68. Ri.		
69. Dá gargalhada.		
70. Faz palhaçada.		
71. Conta piada.		
72. Brinca com objetos.		
73. Rabisca.		
74. Reclama.		
75. Gagueja.		
76. Enrubesce.		
77. Chama o colega pelo apelido.		

SOBRE O LIVRO
Formato: 14x21 cm
Mancha: 9x16,5 cm
Papel: Offset 90 g
nº páginas: 208
1ª edição: 2011

EQUIPE DE REALIZAÇÃO
Assistência editorial
Nathalia Ferrarezi

Assessoria editorial
Maria Apparecida F. M. Bussolotti

Edição de Texto
Renata Sangeon (Preparação do original e copidesque)
Fernanda Fonseca (Revisão)

Editoração Eletrônica
Renata Tavares (Projeto gráfico, capa e diagramação)
Marcello Pinto Fernandes (Ilustrações)

IMPRESSÃO

edelbra

Impressão e Acabamento
E-mail: edelbra@edelbra.com.br
Fone/Fax: (54) 3520-5000
Impresso em Sistema CTP